移動中でもMP3で聞ける！

実用ドイツ語単語集

Praktischer Deutcsher Wortschatz

CD-ROM付

TLS出版社　　　TLS出版編集部 著

はじめに

　年間約６７万人以上の日本人が訪れるドイツ連邦共和国。そして年間約１８万人以上のドイツ人が日本を訪れています。こんなに多くの日本人が訪れる「ドイツ」の魅力とは何でしょう？いや、そんなことを語るのは無粋ですよね。歴史・文化・雰囲気・食べ物……それらが一体となって日本人を、時には厳しく、そして優しく迎え入れてくれます。そんなドイツを、ドイツ人をもっと知りたいと思った時、一番大切なのは「ドイツ語」ではないでしょうか。

　全くドイツ語が出来ない状態でドイツに住み始め、学校にも通っていないのに２年も経つとペラペラになっている日本人が数多くいます。その人たちに上達のコツを聞いてみると全員が「覚えた単語の数」と言うのです。もちろん発音や文法も重要かつ必要なのですが、やはり単語力（語彙力）に勝るものはないと思うのです。

　ドイツ語に限らず外国語の勉強は地道で長い道のりですが、最後までやり遂げなければ実践できない訳ではありません。今日覚えたらすぐに明日使えます。言いたいことを伝えたい時、鍵になるのはやはり単語力です。語順を忘れても、過去形の作り方を知らなくても、単語さえ知っていれば言いたいことの半分は言えたようなものです。

　動詞・形容詞・助動詞・疑問詞を中心に５００単語程度が身に付くと「少しは話せるようになったかな」と実感できるはずです。次からとは言わず、ぜひ本書で頑張って暗記してみて下さい。コミュニケーションを楽しんで下さい。きっとあなただけの特別な「ドイツ」が見つかると思います。

　　　　　　　　　　　　　　　　　　　　　　　ＴＬＳ出版編集部

実用ドイツ語単語集 # Contents

はじめに……………………… 3	ドイツ語の発音……………… 8
本書の特長と使い方………… 7	ＣＤ-ＲＯＭの使い方 ………15

第１章　　　　　基　本　単　語

あいさつ………………………16	頻度・程度を表す言葉………36
人をさす言葉…………………18	位置・方向……………………38
人間関係①……………………20	気象・天気……………………40
人間関係②……………………22	色………………………………42
性格……………………………24	動物……………………………44
職業……………………………26	植物……………………………46
質問する………………………28	国の情報………………………48
お願い・確認・返答…………30	政治……………………………50
社交に関する言葉……………32	宗教……………………………52
形状……………………………34	助動詞…………………………54

第２章　　　　　数・時・暦

数字①…………………………56	曜日と月………………………66
数字②…………………………58	年月日と季節…………………68
序数・分数・倍・回数………60	暦①……………………………70
時・時刻………………………62	暦②……………………………72
時を表す言葉…………………64	

第３章　　　　　身　体　と　心

頭の各名称……………………74	身体の各名称②………………78
身体の各名称①………………76	容姿……………………………80

動作・行動・状態①…………82		感情………………………88	
動作・行動・状態②…………84		生理現象…………………90	
知覚・思考…………………86			

第4章　　　　　移動する

空港で……………………92		交通規則…………………100	
乗り物……………………94		自動車の運転……………102	
駅で………………………96		道をたずねる……………104	
地下鉄・路面電車・バス……98			

第5章　　　　　泊まる・住む

ホテルに泊まる①…………106		住居のつくり……………112	
ホテルに泊まる②…………108		インテリア………………114	
家・マンション……………110			

第6章　　　　　食べる

レストランで……………116		パン・嗜好品……………124	
飲食………………………118		味覚・調理………………126	
料理名……………………120		食材………………………128	
飲み物……………………122			

第7章　　　　　ショッピング

店の種類…………………130		衣類………………………136	
商店で……………………132		アクセサリー・小物………138	
品選び……………………134			

Contents

第8章　遊ぶ・楽しむ

- 観光 …………………… 140
- 芸術 …………………… 142
- 各種スポーツ ………… 144
- サッカー観戦 ………… 146
- レクリエーション・美容 … 148
- ナイトライフ ………… 150
- 恋愛 …………………… 152
- 娯楽・ホビー ………… 154

第9章　暮らす

- 日用品・生活雑貨 ……… 156
- 電化製品 ……………… 158
- コンピューター ……… 160
- インターネット ……… 162
- 電話 …………………… 164
- メディア・ニュース …… 166
- 郵便・輸送 …………… 168
- 銀行・両替 …………… 170
- 学校 …………………… 172
- 労働 …………………… 174
- 職場 …………………… 176
- 環境保護 ……………… 178
- 生活パターン ………… 180

第10章　トラブル

- ホテル・アパートにて …… 182
- 薬 ……………………… 184
- 病気・怪我・症状① …… 186
- 病気・怪我・症状② …… 188
- 病院で ………………… 190
- 犯罪 …………………… 192
- 事故 …………………… 194

地名

- 地名 …………………… 196

索引

- 索引（日→独） ……… 200
- 索引（独→日） ……… 216

本書の特長と使い方

●使用頻度の高い１８６０単語を厳選
頻繁に使用される「１８６０単語」を厳選、この１冊でドイツ各地での様々な場面で使える単語が覚えられます。

●移動中でも覚えられるＣＤ－ＲＯＭが付属
「日本語」→「ドイツ語」の繰り返しで各単語と文章の発音を収録しているので、本書を持ち歩かなくても携帯用音楽プレーヤー等で耳からも効率良く覚えられます。

●関連性のある単語をカテゴリーで分類
本書は「基本単語」「数・時・暦」「身体と心」「移動する」「泊まる・住む」「食べる」「ショッピング」「遊ぶ・楽しむ」「暮らす」「トラブル」の１０カテゴリーに分類されており、関連性の高い分野毎に単語が覚えられます。

●老若男女問わず使える
旅行者の行動と居住者の生活を考慮した単語（空港で、駅で、ホテルに泊まる、家・マンション、レストランで、店の種類、観光、銀行・両替、職場、病院で…）を掲載し、ドイツ文化を楽しめる内容になっています。

●実用的な単語の用例を掲載
各項目にページ内の単語を使った実用性の高い例文が掲載されているので、会話スタイルや文章からも単語を覚えることができます。

●街の名前や観光名所など地名も掲載
ドイツの地方都市に行く時や、会話をより膨らませたい時に役立ちます。

●ドイツ人が日本語を学べる
日本語にはローマ字読みとひらがなが併記されています。本書を使ってドイツ人が日本人に何かを尋ねたり、一緒に学習できる内容になっています。

ドイツ語の発音

ドイツ語のアルファベット

AからZまで英語と同じ26文字と3つの変音(ウムラウト) Ä,Ö,Ü さらにßが加わり30文字からなります。
カタカナ表記でおおまかな発音を示しています。

文字		名称
A	a	アー
B	b	ベー
C	c	ツェー
D	d	デー
E	e	エー
F	f	エフ
G	g	ゲー
H	h	ハー
I	i	イー
J	j	ヨット
K	k	カー
L	l	エル
M	m	エム

文字		名称
N	n	エヌ
O	o	オー
P	p	ペー
Q	q	クー
R	r	エル
S	s	エス
T	t	テー
U	u	ウー
V	v	ファオ
W	w	ヴェー
X	x	イクス
Y	y	ユプスィロン
Z	z	ツェット

文字		発音	名称
Ä	ä	エー	アー・ウムラウト
Ö	ö	エー	オー・ウムラウト
Ü	ü	ユー	ウー・ウムラウト
	ß	ス	エスツェット

● LとRの発音がどちらも〔エル〕となっていますが、Lの方は英語の発音と同じ、Rの方は喉の奥、あるいは舌の先を「ルル」と震わせます。

ドイツ語の発音

母音

ドイツ語の発音はほとんどローマ字読みと同じです。
アクセントは原則として単語の第一音節にあり、強く発音します。
母音の発音には長短があり、例外もありますが基本的には次のようなルールで
長母音(長く発音)なのか短母音(短く発音)なのかを見分けます。

長母音	短母音
①1つの子音の前のアクセントがある母音 ②同じ母音の連続 ③＜母音＋h＞の場合	①2つ以上の子音の前にある母音 ②アクセントのない母音

a	〔ア〕	口を大きく開いて日本語の「ア」を発音します

Mal（マール）回　　　　　　Hand（ハント）手

i	〔イ〕	日本語の「イ」と「エ」の中間の音になります

wider（ヴィーダー）～に逆らって　Bild（ビルト）絵

u	〔ウ〕	唇を丸めて「ウ」と発音します

gut（グート）良い　　　　　　Hut（フート）帽子

e	〔エ〕	口を横に開いて「エ」と発音します

Weg（ヴェーク）道　　　　　　Herz（ヘルツ）心臓

o	〔オ〕	唇を丸めて「オ」と発音します

rot（ロート）赤い　　　　　　Wort（ヴォルト）言葉

ä	〔エ〕	日本語の「エ」と同じ発音になります

Käse（ケーゼ）チーズ　　　　ändern（エンダーン）変える

ö	〔エ〕	〔オ〕の口形で「エ」と発音します

Öl（エール）油　　　　　　　Köln（ケルン）ケルン

ü	〔ユ〕	日本語の「ユ」と同じ発音になります

süß（ジュース）甘い　　　　　fünf（フュンフ）5

● **二重母音**

二重母音とよばれるものがあり、先であげた短母音を組み合わせたものです。
次の二重母音は読み方が変わるので注意しましょう。

au （アオ）	アオと発音します

    Baum（バオム）木

ei （アイ）	「ア」の方を強く発音します

    Ei（アイ）卵

ie （イー）	口を横に大きく開き発音します

    Liebe（リーベ）愛

eu/äu（オイ）	口を横に大きく開き発音します

    Freund（フロイント）男の友人　Käufer（コイファー）店員

子音

● f,p,t,k,l,m は英語の発音とほぼ同じです。注意が必要な子音を紹介します。

b	①語頭、母音の前では濁ります

    Bad（バート）入浴

  ②語末や子音の前では「プ」と発音します

    Obst（オープスト）果物

ch	①母音 a、ou、u、au の後はのどの奥から息をはいて発音します

    Bach（バッハ）小川　　　　Koch（コッホ）料理人
    Buch（ブーフ）本　　　　　Bauch（バオホ）腹

  ②それ以外は「ヒ」

    ich（イヒ）私

d	①語頭、母音の前では濁ります

    Dach（ダッハ）屋根

  ②語末では「ト」と発音します

    Hund（フント）犬

ドイツ語の発音

g	①語頭、母音の前では濁ります

　　　　gehen 〔ゲーエン〕 行く

	②語末や子音の前では「ク」と発音します

　　　　Tag 〔ターク〕 日

- ig	語末の ig は「イヒ」と発音します

　　　　dreißig 〔ドライスィヒ〕 30

h	①喉から息を出して発音します

　　　　Hunger 〔フンガー〕 空腹

	②語中の h は読みません

　　　　stehen 〔シュテーエン〕 立っている

- ng	「ング」と発音します

　　　　Früling 〔フリューリング〕 春

pf	下唇に上の歯を当て、唇をとじ、一気に音を出します

　　　　Pferd 〔プフェーアト〕 馬

qu	「クヴ」と発音します

　　　　Qualität 〔クヴァリテート〕 質

- er	①音節が二個以上の単語の終わりでは「アー」と発音します

　　　　Maler 〔マーラー〕 画家

	②音節がひとつしかない場合は「エア」と発音します

　　　　er 〔エア〕 彼は

s	①母音の前では濁ります

　　　　Sahne 〔ザーネ〕 クリーム

	②語末では「ス」と発音します

　　　　was 〔ヴァス〕 何が

ß	「ス」と発音します

groß〔グロース〕大きい

sch	「シュ」と発音します

Schule〔シューレ〕学校

st	「シュト」と発音します

Student〔シュトゥデント〕大学生

sp	「シュプ」と発音します

sprechen〔シュプレッヘン〕話す

th	「テ」と発音します

Theater〔テアター〕劇場

ts / ds	「ツ」と発音します

nichts〔ニヒツ〕何もない　　abends〔アーベンツ〕夕方に

tz / z	「ツ」と発音します

Platz〔プラッツ〕席　　zeigen〔ツァイゲン〕示す

tsch	「チュ」と発音します

Deutsch〔ドイチュ〕ドイツ語

v	fと同じ発音になります

Vater〔ファーター〕父

w	fの濁音になります

wissen〔ヴィッセン〕知る

x	「クス」と発音します

explodieren〔エクスプロディーレン〕爆発する

ドイツ語の発音

ドイツ語の特徴

ドイツ語の名詞・代名詞には、文中において、
日本語の格助詞「が、の、に、を」にあたる働きをする格というものが4つあります。
1格(〜が)、2格(〜の)、3格(〜に)、4格(〜を)とほぼ対応します。

本書の表記について

- それぞれの単語には様々な意味、用法がありますが、最もよく使用される、代表的なものにしぼりました。

- ドイツ語の名詞は頭文字を常に大文字で書きます。固有名詞を含め**男性・女性・中性**の性別があり、男性名詞には男、女性名詞には女、中性名詞には中と表示しました。
また基本的に単数形をあげ、複数形として使用するものについては複と表示しました。
名詞にはそれぞれの性別や数に合わせた定冠詞を付しています。

- ドイツ語の動詞については原型(不定形)をあげました。分離動詞については**縦線で切れ目**を示しました。(例 auf|stehen) また $sich^3$, $sich^4$ はそれぞれ**3格、4格**の再帰代名詞をとることを表しています。

- 読み方についてはカタカナで表記し、ドイツ語にできるだけ近い発音を示しています。アクセントを置くところは太字になっています。

ドイツ語の発音と文法

● 時刻の表現

ドイツ語で午前・午後を表す時、おおよそ次のようになります。

日本		ドイツ	
午前	0時	ナハツ	12 Uhr nachts	ツヴェルフ ウーア **ナハツ**
	1時		1 Uhr nachts	**アイン** ウーア **ナハツ**
	2時		2 Uhr nachts	ツヴァイ ウーア **ナハツ**
	3時		3 Uhr nachts	**ドライ** ウーア **ナハツ**
	4時	モルゲンス	4 Uhr morgens	**フィーア** ウーア **モルゲンス**
	5時		5 Uhr morgens	フュンフ ウーア **モルゲンス**
	6時		6 Uhr morgens	ゼクス ウーア **モルゲンス**
	7時		7 Uhr morgens	**ズィーベン** ウーア **モルゲンス**
	8時		8 Uhr morgens	**アハト** ウーア **モルゲンス**
	9時	フォア・ミッタークス	9 Uhr vormittags	**ノイン** ウーア **フォア・ミッタークス**
	10時		10 Uhr vormittags	ツェーン ウーア **フォア・ミッタークス**
	11時		11 Uhr vormittags	**エルフ** ウーア **フォア・ミッタークス**
午後	12時	ミッタークス	12 Uhr mittags	ツヴェルフ ウーア **ミッタークス**
	1時		1 Uhr mittags	**アイン** ウーア **ミッタークス**
	2時	ナーハ・ミッタークス	2 Uhr nachmittags	ツヴァイ ウーア **ナーハ・ミッタークス**
	3時		3 Uhr nachmittags	**ドライ** ウーア **ナーハ・ミッタークス**
	4時		4 Uhr nachmittags	**フィーア** ウーア **ナーハ・ミッタークス**
	5時		5 Uhr nachmittags	フュンフ ウーア **ナーハ・ミッタークス**
	6時	アーベンツ	6 Uhr abends	ゼクス ウーア **アーベンツ**
	7時		7 Uhr abends	**ズィーベン** ウーア **アーベンツ**
	8時		8 Uhr abends	**アハト** ウーア **アーベンツ**
	9時		9 Uhr abends	**ノイン** ウーア **アーベンツ**
	10時	ナハツ	10 Uhr nachts	ツェーン ウーア **ナハツ**
	11時		11 Uhr nachts	**エルフ** ウーア **ナハツ**

※ 個人の感覚や季節・地域によって表現が数時間程度前後します。

CD-ROMの使い方

● 単語と文章、両方の音声を MP3 データで格納

本書付属の CD-ROM には単語と文章、両方の音声が MP3 データで格納されています。CD-ROM はパソコンのディスクドライブで読み込む仕様ですので、一般的な CD プレイヤーでは再生できませんのでご注意下さい。

MP3 データは「パソコン」「スマートフォン」「携帯音楽プレイヤー」など、対応ソフトウェアがインストールされている機器で再生し聴くことができます。

※ CD-ROM の推奨動作環境は Windows は XP 以上、Macintosh は OS X 以上です。
（必ずしも条件を満たした全てのパソコンでの動作を保証するものではありません）

● MP3 データのファイル名

MP3 データのファイル名規則は、ページの順番を数字 2 桁、単語パート（左ページ）を「A」、文章パート（右ページ）を「B」としています。名前順でファイルソートを行うとページの順番で並ぶようになっています。

■本書 16 ページ CD-ROM 01 の場合

〈ファイル名〉
WDE _ 01 A .mp3
WDE _ 01 B .mp3

〈収録内容〉
01…ページ順番「あいさつ」
A…単語パート「20 個」
B…文章パート「4 個」

パソコンにダウンロードした後、単語ファイルのみ仕分けしたフォルダを作成するなど、学習スタイルに合わせて活用することが可能です。

● 使い方

Step 1　ディスクドライブで CD-ROM を読み込む
直下に格納されている MP3 データを対応ソフトウェアで直接聴くことも可能です。

Step 2　MP3 対応の電子機器等にデータを移動する
対応機器のストレージに MP3 データをコピーすることが可能です。
※データのコピー・取込方法は、お使いの機器の操作説明書等でご確認下さい。

Step 3　音楽 CD（CD-DA 方式）を作成する
CD ラジカセ・コンポ、カーステレオ等、MP3 再生に対応していない一般的な CD プレイヤーで再生したい場合は、CD-DA 方式で CD-R ディスクに焼いてください。
※ CD-DA 方式、CD-R ディスクへの焼き方に関する詳細はご自身でお調べ下さい。

■ CD-ROM ご使用上の注意■
音源データを著作権法で認められている権利者の許諾を得ずに、(1) 営利目的で使用すること、(2) 個人的な範囲を超える使用目的で複製すること、(3) ネットワーク等を通じてこの CD に収録された音を送信できる状態にすることを禁じます。音源データは使用者の責任において使用するものとし、使用結果について発生した直接的、間接的損害について、権利者はいかなる責任も負わないものとします。

あいさつ Begrüßung

日本語	ドイツ語	カナ読み
☐ おはよう	Guten Morgen.	グーテン モルゲン
☐ こんにちは	Guten Tag.	グーテン タ−ク
☐ こんばんは	Guten Abend.	グーテン アーベント
☐ おやすみなさい	Gute Nacht.	グーテ ナハト
☐ お元気ですか？	Wie geht es Ihnen？	ヴィー ゲート エス イーネン
☐ おかげさまで、ありがとう	Danke, gut.	ダンケ グート
☐ あなたの方はいかがですか？	Und Ihnen？	ウント イーネン
☐ 好調です	Sehr gut.	ゼーア グート
☐ まあまあです	Es geht.	エス ゲート
☐ あまりよくありません	Mir geht es nicht gut.	ミア ゲート エス ニヒト グート
☐ お久しぶりです	Lange nicht gesehen！	ランゲ ニヒト ゲゼーエン
☐ やあ	Hallo.	ハロー
☐ さようなら	Auf Wiedersehen.	アオフ ヴィーダー・ゼーエン
☐ バイバイ［親しい間柄］	Tschüss.	チュッス
☐ ありがとう	Danke schön.	ダンケ シェーン
☐ ありがとうございます	Ich danke Ihnen.	イヒ ダンケ イーネン
☐ どういたしまして	Bitte schön.	ビッテ シェーン
☐ すみません	Entschuldigung！	エント シュルディグング
☐ ごめんなさい	Es tut mir Leid.	エス トゥット ミア ライト
☐ 気にしないで下さい	Das macht mir nichts aus.	ダス マハト ミア ニヒツ アオス

第1章 基本単語

Basisvokabular

Japanisch（ドイツ人用）

ohayō
おはよう

kon'nichiwa
こんにちは

kombanwa
こんばんは

oyasuminasai
おやすみなさい

ogenki desu ka ?
おげんきですか?

okagesama de. arigatō
おかげさまで、ありがとう

anata no hō wa ikaga desu ka ?
あなたのほうはいかがですか?

kōchō desu
こうちょうです

māmā desu
まあまあです

amari yoku ari masen
あまりよくありません

ohisashiburi desu
おひさしぶりです

yā
やあ

sayōnara
さようなら

baibai
ばいばい

arigatō
ありがとう

arigatō gozai masu
ありがとうございます

dō itashi mashite
どういたしまして

sumimasen
すみません

gomen'nasai
ごめんなさい

ki ni shinaide kudasai
きにしないでください

文章でも覚えよう！

プレゼントをありがとうございます。

Vielen Dank für Ihr Geschenk.

フィーレン ダンク フュア イーア ゲシェンク

purezento o arigatō gozaimasu.

どういたしまして。

Bitte schön !

ビッテ シェーン

dō itashi mashite.

バイバイ、また明日。

Tschüss. Bis morgen.

チュッス ビス モルゲン

baibai, mata ashita.

お邪魔して申し訳ありません。

Entschuldigen Sie bitte meine Störung.

エント**シュ**ルディゲン ズィー ビッテ マイネ シュ**テー**ルンク

ojama shite mōshiwake ari masen.

人をさす言葉 Worte mit Personenbezug

日本語	ドイツ語	カナ読み
□ 私は	ich	イヒ
□ 私たちは	wir	ヴィーア
□ あなたは、あなたがたは	Sie	ズィー
□ 君は	du	ドゥー
□ 君たちは	ihr	イーア
□ 彼らは	sie	ズィー
□ 彼は	er	エア
□ 彼女は	sie	ズィー
□ 人は	man	マン
□ 人々は	複 die Leute	ディ ロイテ
□ 人間は	男 der Mensch	デア メンシュ
□ だれかが	jemand	イェーマント
□ 男性	男 der Mann	デア マン
□ 紳士、～氏、～さん［男性敬称］	男 der Herr	デア ヘア
□ 婦人	女 die Dame	ディ ダーメ
□ 女性、～さん［女性敬称］	女 die Frau	ディ フラオ
□ ドイツ人［男/女］	男 der Deutsche 女 die Deutsche	デア ドイチェ ディ ドイチェ
□ 日本人［男/女］	男 der Japaner 女 die Japanerin	デア ヤパーナ ディ ヤパーナリン
□ 姓	男 der Nachname	デア ナーハ・ナーメ
□ 名	男 der Vorname	デア フォア・ナーメ

第1章 基本単語

Basisvokabular

Japanisch（ドイツ人用）

watashi wa	わたしは
watashi tachi wa	わたしたちは
anata wa, anata gata wa	あなたは、あなたがたは
kimi wa	きみは
kimi tachi wa	きみたちは
karera wa	かれらは
kare wa	かれは
kanojo wa	かのじょは
hito wa	ひとは
hitobito wa	ひとびとは
ningen wa	にんげんは
dareka ga	だれかが
dansē	だんせい
shinshi, ~shi, ~ san	しんし、〜し、〜さん
fujin	ふじん
josē, ~san	じょせい、〜さん
doitsujin	どいつじん
nihonjin	にほんじん
sē	せい
mei, na	めい、な

文章でも覚えよう！

私（わたし）は山田（やまだ）です。

Ich bin Yamada.

イヒ ビン ヤ**マ**ダ

watashi wa yamada desu.

彼（かれ）はシュミット氏（し）です。

Er ist Herr Schmidt.

エア イスト ヘア **シュ**ミット

kare wa shumittoshi desu.

彼（かれ）はドイツ人（じん）です。

Er ist Deutscher.

エア イスト **ド**イチャー

kare wa doitsujin desu.

私（わたし）は日本人（にほんじん）です。

Ich bin Japanerin.

イヒ ビン ヤパー**ナ**リン ・

watashi wa nihonjin desu.

人間関係① Zwischenmenschliche Beziehungen ①

日本語	ドイツ語	カナ読み
家族	女 die Familie	ディ ファミーリエ
両親	複 die Eltern	ディ エルターン
父	男 der Vater	デア ファーター
母	女 die Mutter	ディ ムッター
夫婦	中 das Ehepaar	ダス エーエ・パー
夫	男 der Mann	デア マン
妻	女 die Frau	ディ フラオ
子供	中 das Kind	ダス キント
息子	男 der Sohn	デア ゾーン
娘	女 die Tochter	ディ トホター
兄弟姉妹	複 die Geschwister	ディ ゲシュヴィスター
兄 / 姉	男 der älterer Bruder 女 die ältere Schwester	デア エルテラー ブルーダー ディ エルテレ シュヴェスター
弟 / 妹	男 der jüngerer Bruder 女 die jüngere Schwester	デア ユンゲラー ブルーダー ディ ユンゲレ シュヴェスター
祖父母	複 die Großeltern	ディ グロース・エルターン
祖父	男 der Großvater	デア グロース・ファーター
祖母	女 die Großmutter	ディ グロース・ムッター
孫	中 das Enkelkind	ダス エンケル・キント
親戚［男 / 女］	男 der Verwandte 女 die Verwandte	デア フェアヴァンテ ディ フェアヴァンテ
おじ	男 der Onkel	デア オンケル
おば	女 die Tante	ディ タンテ

第1章　基本単語

Basisvokabular

Japanisch（ドイツ人用）

kazoku
かぞく

ryōshin
りょうしん

chichi
ちち

haha
はは

fūfu
ふうふ

otto
おっと

tsuma
つま

kodomo
こども

musuko
むすこ

musume
むすめ

kyōdai shimai, kētē shimai
きょうだいしまい、けいていしまい

ani, ane
あに、あね

otōto, imōto
おとうと、いもうと

sofubo
そふぼ

sofu
そふ

sobo
そぼ

mago
まご

shinseki
しんせき

oji
おじ

oba
おば

文章でも覚えよう！

私の家族は日本にいます。

Meine Familie ist jetzt in Japan.

マイネ ファミーリエ イスト イエツト イン ヤーパン

watashi no kazoku wa nihon ni imasu.

私の妻はドイツ人です。

Meine Frau ist Deutsche.

マイネ フラオ イスト ドイチェ

watashi no tsuma wa doitsujin desu.

ご兄弟はいますか？

Haben Sie Geschwister ?

ハーベン ズィー ゲシュヴィスター

gokyōdai wa imasu ka ?

私には兄が一人います。

Ich habe einen älteren Bruder.

イヒ ハーベ アイネン エルテレン ブルーダー

watashi niwa ani ga hitori imasu.

人間関係② Zwischenmenschliche Beziehungen ②

日本語	ドイツ語	カナ読み
友人 [男/女]	男 der Freund 女 die Freundin	デア フロイント ディ フロインディン
親友 [男/女]	男 der gute Freund 女 die gute Freundin	デア グーテ フロイント ディ グーテ フロインディン
婚約者 [男/女]	男 der Verlobte 女 die Verlobte	デア フェアローブテ ディ フェアローブテ
新郎	男 der Bräutigam	デア ブロイティガム
新婦	女 die Braut	ディ ブラオト
知人 [男/女]	男 der Bekannte 女 die Bekannte	デア ベカンテ ディ ベカンテ
パートナー [男/女]	男 der Partner 女 die Partnerin	デア パートナー ディ パートナリン
上司 [男/女]	男 der Chef 女 die Chefin	デア シェフ ディ シェフィン
同僚 [男/女]	男 der Kollege 女 die Kollegin	デア コレーゲ ディ コレーギン
敵 [男/女]	男 der Feind 女 die Feindin	デア ファイント ディ ファインディン
隣人 [男/女]	男 der Nachbar 女 die Nachbarin	デア ナハバー ディ ナハバーリン
仲間 [男/女]	男 der Kamerad 女 die Kameradin	デア カメラート ディ カメラーディン
仲間たち	男 der Freundeskreis	デア フロインデス・クライス
赤ん坊	男 der Säugling	デア ゾイクリング
少年	男 der Junge	デア ユンゲ
少女	中 das Mädchen	ダス メートヘン
大人 [男/女]	男 der Erwachsene 女 die Erwachsene	デア エアヴァクセネ ディ エアヴァクセネ
老人 [男/女]	男 der Alte 女 die Alte	デア アルテ ディ アルテ
関係	女 die Beziehung	ディ ベツィーウング
近所づきあい	女 die Nachbarschaft	ディ ナハバー・シャフト

第 1 章　基本単語

Basisvokabular

Japanisch (ドイツ人用)

- yūjin
  ゆうじん
- shin'yū
  しんゆう
- kon'yakusha
  こんやくしゃ
- shinrō
  しんろう
- shimpu
  しんぷ
- chijin
  ちじん
- pātonā
  ぱーとなー
- jōshi
  じょうし
- dōryō
  どうりょう
- teki
  てき
- rinjin
  りんじん
- nakama
  なかま
- nakama tachi
  なかまたち
- akambō
  あかんぼう
- shōnen
  しょうねん
- shōjo
  しょうじょ
- otona
  おとな
- rōjin
  ろうじん
- kankē
  かんけい
- kinjo zukiai
  きんじょづきあい

文章でも覚えよう！

ハンスは私(わたし)の友人(ゆうじん)です。

Hans ist ein Freund von mir.

ハンス イスト アイン フロイント フォン ミア

hansu wa watashi no yūjin desu.

その少女(しょうじょ)は私(わたし)の娘(むすめ)です。

Das Mädchen ist meine Tochter.

ダス メートヘン イスト マイネ トホター

sono shōjo wa watashi no musume desu.

マリアは私(わたし)の婚約者(こんやくしゃ)です。

Maria ist meine Verlobte.

マリア イスト マイネ フェアローブテ

maria wa watashi no kon'yakusha desu.

シュミット氏(し)はあなたの上司(じょうし)ですか？

Ist Herr Schmidt Ihr Chef ?

イスト ヘア シュミット イーア シェフ

shumittoshi wa anata no jōshi desu ka ?

性格 Charakter

日本語	ドイツ語	カナ読み
性格	男 der Charakter	デア カラクター
親切な	nett	ネット
冷たい	kalt	カルト
陽気な	heiter	ハイター
陰気な	trübsinnig	トリュープ・ズィニヒ
勤勉な	fleißig	フライスィヒ
無精な	faul	ファオル
偏見のない	offen	オッフェン
ずるい	schlau	シュラオ
知的な	intelligent	インテリゲント
愚かな	dumm	ドゥム
倹約的な	sparsam	シュパーザーム
太っ腹な	großmütig	グロース・ミューティヒ
謙虚な	bescheiden	ベシャイデン
わがままな	eigensinnig	アイゲンズィニヒ
信頼できる	zuverlässig	ツーフェアレッスィヒ
いい加減な	unverantwortlich	ウンフェアアントヴォルトリヒ
控えめな	zurückhaltend	ツリュック・ハルテント
厚かましい	frech	フレッヒ
勇敢な	tapfer	タプファー

第1章　基本単語

Basisvokabular

Japanisch（ドイツ人用）

sēkaku
せいかく

shinsetsu na
しんせつな

tsumetai
つめたい

yōki na
ようきな

inki na
いんきな

kimben na
きんべんな

bushō na
ぶしょうな

henken no nai
へんけんのない

zurui
ずるい

chiteki na
ちてきな

oroka na
おろかな

kenyakuteki na
けんやくてきな

futoppara na
ふとっぱらな

kenkyo na
けんきょな

wagamama na
わがままな

shinrai dekiru
しんらいできる

īkagen na
いいかげんな

hikaeme na
ひかえめな

atsukamashī
あつかましい

yūkan na
ゆうかんな

文章でも覚えよう！

彼女はどんな性格ですか？

Welchen Charakter hat sie ?

ヴェルヘン カラクター ハト ズィー

kanojo wa don'na sēkaku desu ka ?

彼女はとても親切で勤勉です。

Sie ist sehr nett und fleißig.

ズィー イスト ゼーア ネット ウント フライスィヒ

kanojo wa totemo shinsetsu de kimben desu.

あの人は信頼できます。

Er ist zuverlässig.

エア イスト ツーフェアレッスィヒ

ano hito wa shinrai deki masu.

あなたは偏見のない人ですね。

Sie sind offen.

ズィー ズィント オッフェン

anata wa henken no nai hito desu ne.

職業 Beruf

日本語	ドイツ語	カナ読み
□ 会社員 [男/女]	男 der Angestellte 女 die Angestellte	デア アンゲシュテルテ ディ アンゲシュテルテ
□ 医者 [男/女]	男 der Arzt 女 die Ärztin	デア アールツト ディ エーアツティン
□ エンジニア [男/女]	男 der Ingenieur 女 die Ingenieurin	デア インジェニエーア ディ インジェニエーリン
□ 職人 [男/女]	男 der Handwerker 女 die Handwerkerin	デア ハント・ヴェルカー ディ ハント・ヴェルケリン
□ 看護師 [男/女]	男 der Krankenpfleger 女 die Krankenschwester	デア クランケン・プフレーガー ディ クランケン・シュヴェスター
□ 政治家 [男/女]	男 der Politiker 女 die Politikerin	デア ポリィティカー ディ ポリィティケリン
□ カメラマン [男/女]	男 der Fotograf 女 die Fotografin	デア フォトグラーフ ディ フォトグラーフィン
□ 芸術家 [男/女]	男 der Künstler 女 die Künstlerin	デア キュンストラー ディ キュンストレリン
□ 建築家 [男/女]	男 der Architekt 女 die Architektin	デア アールヒテクト ディ アールヒテクティン
□ 公務員 [男/女]	男 der Beamter 女 die Beamtin	デア ベアムター ディ ベアムティン
□ ジャーナリスト [男/女]	男 der Journalist 女 die Journalistin	デア ジュルナリスト ディ ジュルナリスティン
□ 主夫/主婦	男 der Hausmann 女 die Hausfrau	デア ハオス・マン ディ ハオス・フラウ
□ 商人 [男/女]	男 der Kaufmann 女 die Kauffrau	デア カオフ・マン ディ カオフ・フラウ
□ 秘書 [男/女]	男 der Sekräter 女 die Sekräterin	デア ゼクレテーア ディ ゼクレテーリン
□ 通訳 [男/女]	男 der Dolmetscher 女 die Dolmetscherin	デア ドルメッチャー ディ ドルメッチェリン
□ デザイナー [男/女]	男 der Designer 女 die Designerin	デア デザイナー ディ デザイネリン
□ 店員 [男/女]	男 der Verkäufer 女 die Verkäuferin	デア フェアコイファー ディ フェアコイフェリン
□ 弁護士 [男/女]	男 der Rechtsanwalt 女 die Rechtsanwältin	デア レヒツ・アンヴァルト ディ レヒツ・アンヴァルティン
□ 薬剤師 [男/女]	男 der Apotheker 女 die Apothekerin	デア アポテーカ ディ アポテーケリン
□ 料理人 [男/女]	男 der Koch 女 die Köchin	デア コッホ ディ ケッヒン

第1章　基本単語

Basisvokabular

Japanisch(ドイツ人用)

kaishain かいしゃいん
isha いしゃ
enjinia えんじにあ
shokunin しょくにん
kangoshi かんごし
sējika せいじか
kameraman かめらまん
gējutsuka げいじゅつか
kenchikuka けんちくか
kōmuin こうむいん
jānarisuto じゃーなりすと
shufu / shufu しゅふ / しゅふ
shōnin しょうにん
hisho ひしょ
tūyaku つうやく
dezainā でざいなー
ten'in てんいん
bengoshi べんごし
yakuzaishi やくざいし
ryōrinin りょうりにん

文章でも覚えよう！

わたし びーえむだぶりゅー しゃいん
私はＢＭＷの社員です。

Ich bin Angestellter bei BMW.

イヒ ビン **アン**ゲシュテルター バイ ベーエムヴェー

watashi wa bī-emu-daburyū no shain desu.

わたし つうやく
私は通訳です。

Ich bin Dolmetscher.

イヒ ビン **ド**ルメッチャー

watashi wa tūyaku desu.

わたし しゅふ
私は主婦です。

Ich bin Hausfrau.

イヒ ビン **ハ**オス・フラウ

watashi wa shufu desu.

わたし さんねんひしょ
私は３年秘書をしています。

Ich bin seit drei Jahren Sekretärin.

イヒ ビン ザイト **ド**ライ **ヤ**ーレン ゼクレ**テ**ーリン

watashi wa san-nen hisho o shite imasu.

質問する　Frage stellen

日本語	ドイツ語	カナ読み
□ これは〜ですか？	Ist das~?	イスト ダス〜
□ 〜しましょうか？	Soll ich~ ?	ゾル イヒ〜
□ 〜をご存知ですか？	Wissen Sie~?	ヴィッセン ズィー〜
□ 何が、何を	was	ヴァス
□ 何か	etwas	エトヴァス
□ 誰が	wer	ヴェーア
□ 誰を	wen	ヴェーン
□ 誰に	wem	ヴェーム
□ 誰の	wessen	ヴェッセン
□ なぜ	warum	ヴァルム
□ どこで	wo	ヴォー
□ どこから	woher	ヴォヘア
□ どこへ	wohin	ヴォヒン
□ いつ	wann	ヴァン
□ いつから	seit wann	ザイト ヴァン
□ いつまで	bis wann	ビス ヴァン
□ どれだけ［量、値段］	wie viel	ヴィー フィール
□ どんなふうに	wie	ヴィー
□ どんな種類の	was für ein	ヴァス フューア アイン
□ どの	welcher(-es, -e)	ヴェルヘア (- ヘス、- ヘ)

第1章　基本単語

Basisvokabular

Japanisch（ドイツ人用）

kore wa ~ desu ka ?	これは〜ですか
~ shimashō ka ?	〜しましょうか？
~ o gozonji desu ka ?	〜をごぞんじですか？
nani ga, nani o	なにが、なにを
nani ka	なにか
dare ga	だれが
dare o	だれを
dare ni	だれに
dare no	だれの
naze	なぜ
doko de	どこで
doko kara	どこから
doko e	どこへ
itsu	いつ
itsukara	いつから
itsumade	いつまで
doredake	どれだけ
don'nafū ni	どんなふうに
don'na shurui no	どんなしゅるいの
dono	どの

文章でも覚えよう！

これはあなたの本ですか？　／　はい、私のです。

Ist das Ihr Buch ? / Ja, das ist meins.

イスト ダス イーア ブーフ / ヤー ダス イスト マインス

kore wa anata no hon desu ka ? / hai, watashi no desu.

これは何ですか？

Was ist das ?

ヴァス イスト ダス

kore wa nan desu ka ?

どなたが田中さんですか？　／　私です。

Wer ist Herr Tanaka ? / Das bin ich.

ヴェーア イスト ヘア タナカ ? / ダス ビン イヒ

donata ga tanakasan desu ka ? / watashi desu.

これはいくらですか？

Wie viel kostet das ?

ヴィー フィール コステット ダス

kore wa ikura desu ka ?

お願い・確認・返答 Bitte, Bestätigung, Erwiderung

日本語	ドイツ語	カナ読み
□ ～をお願いします	~, bitte.	～ビッテ
□ ～が欲しいのですが	Ich hätte gerne ~.	イヒ ヘテ ゲルネ～
□ ～していいですか	Darf ich ~?	ダルフ イヒ～
□ ～したいのですが	Ich möchte ~.	イヒ メヒテ～
□ はい	Ja.	ヤー
□ いいえ	Nein.	ナイン
□ わかりました	gut	グート
□ 了解しました	einverstanden	アインフェアシュタンデン
□ そのとおりです	ganz genau	ガンツ ゲナウ
□ もちろんです	natürlich	ナテューアリヒ
□ 喜んで	gern	ゲルン
□ いいえ、結構です	Nein, danke.	ナイン ダンケ
□ 残念ですが	Leider nicht.	ライダー ニヒト
□ 理解できません	Ich verstehe nicht.	イヒ フェアシュテーエ ニヒト
□ 知りません	Ich weiß nicht	イヒ ヴァイス ニヒト
□ 私はできません	Das kann ich nicht.	ダス カン イヒ ニヒト
□ 私はいやです	Ich will nicht.	イヒ ヴィル ニヒト
□ それは違います	Das stimmt nicht	ダス シュティムト ニヒト
□ それは無理です	Das geht nicht.	ダス ゲート ニヒト
□ どうでもいい	Das ist mir egal.	ダス イスト ミア エガール

第1章　基本単語

Basisvokabular

Japanisch（ドイツ人用）

~ o onegai shimasu
～をおねがいします

~ ga hoshī no desu ga
～がほしいのですが

~ shite ī desu ka ?
～していいですか

~ shitai no desu ga
～したいのですが

hai
はい

īe
いいえ

wakari mashita
わかりました

ryōkai shimashita
りょうかいしました

sono tōri desu
そのとおりです

mochiron desu
もちろんです

yorokonde
よろこんで

īe, kekkō desu
いいえ、けっこうです

zan'nen desu ga
ざんねんですが

rikai deki masen
りかいできません

shiri masen
しりません

watashi wa deki masen
わたしはできません

watashi wa iya desu
わたしはいやです

sore wa chigai masu
それはちがいます

sore wa muri desu
それはむりです

dōdemoī
どうでもいい

文章でも覚えよう！

お水を一杯お願いします。

Ein Glas Wasser, bitte.

アイン グラス **ヴァッ**サー **ビ**ッテ

omizu o ippai onegai shimasu.

私を助けてくれますか？　／　もちろんです。

Helfen Sie mir ? / Natürlich.

ヘルフェン ズィー **ミ**ア / ナ**テュー**アリヒ

watashi o tasukete kure masu ka ? / mochiron desu.

もう少しいかがですか？　／　いいえ、結構です。

Möchten Sie noch etwas ? / Nein, danke.

メヒテン ズィー ノホ エトヴァス / ナイン ダンケ

mō sukoshi ikaga desu ka ? / īe, kekkō desu.

合計１０ユーロになります。　／　それは違います。

Das macht 10 Euro. / Das stimmt nicht.

ダス マハト **ツェー**ン **オ**イロ / ダス シュ**ティ**ムト ニヒト

gōkē jū-yūro ni nari masu. / sore wa chigai masu.

社交に関する言葉 Gesellschaftsbezogene Wörter

日本語	ドイツ語	カナ読み
☐ 知り合う	kennenlernen	ケネン・レアネン
☐ 会う	treffen	トレッフン
☐ 訪問する	besuchen	ベズーヘン
☐ 迎えに行く	ab|holen	アップホーレン
☐ 〜に招待する	ein|laden	アインラーデン
☐ 客	男 der Gast	デア ガスト
☐ 挨拶する	grüßen	グリューセン
☐ 同行する	mit|kommen	ミットコメン
☐ 紹介する	vor|stellen	フォアシュテレン
☐ 相手をする	Gesellschaft leisten	ゲゼルシャフト ライステン
☐ 予定がある	vor|haben	フォアハーベン
☐ 約束する	versprechen	フェアシュプレッヘン
☐ ふるまう	sich⁴ benehmen	ズィヒ ベネーメン
☐ 贈り物をする	schenken	シェンケン
☐ おしゃべりする	sich⁴ unterhalten	ズィヒ ウンターハルテン
☐ 〜する気がある	Lust haben	ルスト ハーベン
☐ 関心	中 das Interesse	ダス インテレッセ
☐ 会う約束	女 die Verabredung	ディ フェアアプレードゥング
☐ 丁寧な	höflich	ヘーフリヒ
☐ 贈り物	中 das Geschenk	ダス ゲシェンク

第1章　基本単語

Basisvokabular

Japanisch（ドイツ人用）

文章でも覚えよう！

shiriau
しりあう

au
あう

hōmon suru
ほうもんする

mukae ni iku
むかえにいく

~ ni shōtai suru
～にしょうたいする

kyaku
きゃく

aisatsu suru
あいさつする

dōkō suru
どうこうする

shōkai suru
しょうかいする

aite o suru
あいてをする

yotē ga aru
よていがある

yakusoku suru
やくそくする

furumau
ふるまう

okurimono o suru
おくりものをする

oshaberi suru
おしゃべりする

~ suru ki ga aru
～するきがある

kanshin
かんしん

au yakusoku
あうやくそく

tēnē na
ていねいな

okurimono
おくりもの

あなたを食事に招待します。

Ich lade Sie zum Essen ein.

イヒ ラーデ ズィー ツム **エッセン アイン**

anata o shokuji ni shōtai shi masu.

今日のご予定は？

Was haben Sie heute vor ?

ヴァス ハーベン ズィー ホイテ **フォア**

kyō no goyotē wa ?

映画に行く気はありますか？

Haben Sie Lust, ins Kino zu gehen ?

ハーベン ズィー **ル**スト インス キーノ ツー **ゲー**エン

ēga ni iku ki wa ari masu ka ?

今日約束があります。

Ich habe heute eine Verabredung.

イヒ ハーベ ホイテ アイネ フェア**ア**プレードゥング

kyo yakusoku ga ari masu.

形状 Gestaltung

日本語	ドイツ語	カナ読み
□ 四角の	viereckig	フィアエキヒ
□ 三角の	dreieckig	ドライエキヒ
□ 丸い	rund	ルント
□ 長い	lang	ラング
□ 短い	kurz	クルツ
□ 古い	alt	アルト
□ 新しい	neu	ノイ
□ 重い	schwer	シュヴェア
□ 軽い	leicht	ライヒト
□ 大きい	groß	グロース
□ 小さい	klein	クライン
□ 高い	hoch	ホーホ
□ 低い	niedrig	ニードリヒ
□ 厚い	dicht	ディヒト
□ かさばった	voluminös	ヴォルミヌース
□ 薄い	dünn	デュン
□ 硬い	hart	ハート
□ 柔らかい	weich	ヴァイヒ
□ 荒い	rau	ラオ
□ 滑らかな	glatt	グラット

第1章　基本単語

Basisvokabular

Japanisch（ドイツ人用）

shikaku no
しかくの

sankaku no
さんかくの

marui
まるい

nagai
ながい

mijikai
みじかい

furui
ふるい

atarashī
あたらしい

omoi
おもい

karui
かるい

ōkī
おおきい

chīsai
ちいさい

takai
たかい

hikui
ひくい

atsui
あつい

kasabatta
かさばった

usui
うすい

katai
かたい

yawarakai
やわらかい

arai
あらい

nameraka na
なめらかな

文章でも覚えよう！

私は丸テーブルを探している。

Ich suche einen runden Tisch.

イヒ ズーヘ アイネン **ル**ンデン ティッシュ

watashi wa maru tēburu o sagashite iru.

袖が私には短すぎる。

Die Ärmel sind mir zu kurz.

ディ エルメル ズィント ミア ツー **ク**アツ

sode ga watashi niwa mijika sugiru.

このワイシャツは私には大きすぎる。

Das Hemd ist mir zu groß.

ダス ヘムト イスト ミア ツー グ**ロ**ース

kono waishatsu wa watashi niwa ōki sugiru.

この生地は薄い。

Dieser Stoff ist dünn.

ディーザー シュ**ト**ッフ イスト **デュ**ン

kono kiji wa usui.

頻度・程度を表す言葉

Wörter, die Häufigkeit und Ausmaß ausdrücken

日本語	ドイツ語	カナ読み
□ たくさん	viel	フィール
□ ほとんど〜ない	wenig	ヴェーニヒ
□ 少し	ein bisschen	アイン ビスヘェン
□ わずかな	gering	ゲリング
□ とても	sehr	ゼーア
□ かなり	ziemlich	ツィームリヒ
□ 十分な	genug	ゲヌーク
□ まったく〜ではない	gar nicht	ガー ニヒト
□ より多くの	mehr	メーア
□ もはや〜でない	nicht mehr〜	ニヒト メーア
□ せいぜい	höchstens	ヘークステンツ
□ 少なくとも	wenigstens	ヴェーニヒステンス
□ より少ない	weniger	ヴェーニガー
□ まったく	ganz	ガンツ
□ いつも	immer	イマー
□ 頻繁に	häufig	ホイフィヒ
□ しばしば	oft	オフト
□ ときどき	manchmal	マンヒマール
□ めったに〜しない	selten	ゼルテン
□ けっして	nie	ニー

第1章　基本単語

Basisvokabular

文章でも覚えよう！

Japanisch（ドイツ人用）
takusan たくさん
hotondo ~ nai ほとんど～ない
sukoshi すこし
wazukana わずかな
totemo とても
kanari かなり
jūbun na じゅうぶんな
mattaku ~ dewa nai まったく～ではない
yori ōkuno よりおおくの
mohaya ~ de nai もはや～でない
sēzē せいぜい
sukunakutomo すくなくとも
yori sukunai よりすくない
mattaku まったく
itsumo いつも
himpan ni ひんぱんに
shibashiba しばしば
tokidoki ときどき
mettani ~ shinai めったに～しない
kesshite けっして

私には時間がたくさんある。

Ich habe viel Zeit.

イヒ ハーベ **フィール** ツアイト

watashi niwa jikan ga takusan aru.

私にはあまりお金がない。

Ich habe wenig Geld.

イヒ ハーベ **ヴェー**ニヒ ゲルト

watashi niwa amari okane ga nai.

あなたには十分時間があります。

Sie haben genug Zeit.

ズィー ハーベン ゲ**ヌー**ク ツアイト

anata niwa jūbun jikan ga ari masu.

あなたはもう若くはない。

Sie sind nicht mehr jung.

ズィー ズィント **ニヒト メー**ア ユング

anata wa mō wakaku wa nai.

位置・方向 Position, Richtung

日本語	ドイツ語	カナ読み
位置している	liegen	リーゲン
方向	女 die Richtung	ディ リヒトゥング
ここに	hier	ヒーア
そこに	da	ダー
こちらへ	hierher	ヒーアヘーア
そちらへ	dahin	ダーヒン
左に	links	リンクス
右に	rechts	レヒツ
前に	vorn	フォアン
後ろに	hinten	ヒンテン
上に	oben	オーベン
下に	unten	ウンテン
上の方に	nach oben	ナーハ オーベン
下の方に	nach unten	ナーハ ウンテン
中で	innen	イネン
外で	draußen	ドラオセン
東	男 der Osten	デア オステン
西	男 der Westen	デア ヴェステン
南	男 der Süden	デア ズィーデン
北	男 der Norden	デア ノルデン

第1章 基本単語

Basisvokabular

Japanisch（ドイツ人用）
ichi shite iru いちしている
hōkō ほうこう
koko ni ここに
soko ni そこに
kochira e こちらへ
sochira e そちらへ
hidari ni ひだりに
migi ni みぎに
mae ni まえに
ushiro ni うしろに
ue ni うえに
shita ni したに
ue no hō ni うえのほうに
shita no hō ni したのほうに
naka de なかで
soto de そとで
higashi ひがし
nishi にし
minami みなみ
kita きた

文章でも覚えよう！

その店は教会の右にある。

Der Laden liegt rechts vor der Kirche.

デア ラーデン リークト レヒツ フォア デア キルヘ

sono mise wa kyōkai no migi ni aru.

そこで会いましょう。

Treffen wir uns da.

トレッフェン ヴィーア ウンス ダー

soko de ai mashō.

左手に学校が見えますよ。

Sie sehen links eine Schule.

ズィー ゼーエン リンクス アイネ シューレ

hidarite ni gakkō ga mie masu yo.

私は北へ3キロ車で行く。

Ich fahre 3 km nach Norden.

イヒ ファーレ ドライ キロメーター ナーハ ノルデン

watashi wa kita e san-kiro kuruma de iku.

気象・天気 Meteorologie, Wetter

日本語	ドイツ語	カナ読み
天気	⊕ das Wetter	ダス ヴェッター
天気予報	⊛ die Wettervorhersage	ディ ヴェッター・フォアヘーア・ザーゲ
気温	⊛ die Temperatur	ディ テンペラトゥーア
〜度〔温度の〕	男 der Grad	デア グラート
湿度	⊛ die Feuchtigkeit	ディ フォイヒティッヒカイト
気候	⊕ das Klima	ダス クリーマ
風の強い	windig	ヴィンディヒ
曇りの	wolkig	ヴォルキヒ
雨が降る	regnen	レーグネン
霧もようの	neblig	ネープリヒ
雪が降る	schneien	シュナイエン
寒い	kalt	カルト
涼しい	kühl	キュール
暖かい	warm	ヴァルム
暑い	heiß	ハイス
湿った	feucht	フォイヒト
雷	男 der Donner	デア ドナ
嵐	男 der Sturm	デア シュトルム
台風	男 der Taifun	デア タイフーン
あられ	男 der Hagel	デア ハーゲル

第1章　基本単語

Basisvokabular

Japanisch (ドイツ人用)
tenki てんき
tenki yohō てんきよほう
kion きおん
~ do ～ど
shitsudo しつど
kikō きこう
kaze no tsuyoi かぜのつよい
kumori no くもりの
ame ga furu あめがふる
kiri moyō no きりもようの
yuki ga furu ゆきがふる
samui さむい
suzushī すずしい
atatakai あたたかい
atsui あつい
shimetta しめった
kaminari かみなり
arashi あらし
taifū たいふう
arare あられ

文章でも覚えよう！

今日はよい天気だ。

Wir haben heute gutes Wetter.

ヴィア ハーベン ホイテ グーテス ヴェッター

kyō wa yoi tenki da.

冬は風が強い。

Im Winter ist es windig.

イム ヴィンター イスト エス ヴィンディヒ

fuyu wa kaze ga tsuyoi.

一日中雨が降っている。

Es regnet den ganzen Tag.

エス レーグネット デン ガンツェン ターク

ichinichi jū ame ga futte iru.

今日は比較的涼しい。

Heute ist es relativ kühl.

ホイテ イスト エス レラティーフ キュール

kyō wa hikakuteki suzushī.

色 Farbe

日本語	ドイツ語	カナ読み
黒の	schwarz	シュヴァルツ
白の	weiß	ヴァイス
青の	blau	ブラオ
緑の	grün	グリューン
赤の	rot	ロート
水色の	hellblau	ヘル・ブラオ
黄緑色の	gelbgrün	ゲルプ・グリューン
黄色の	gelb	ゲルプ
茶色の	braun	ブラオン
紫色の	violett	ヴィオレット
オレンジの	orange	オランジェ
ピンクの	rosa	ローザ
グレーの	grau	グラオ
ベージュの	beige	ベージュ
金色の	golden	ゴルデン
銀色の	silbern	ズィルバーン
濃い［色］	dunkel	ドゥンケル
淡い	hell	ヘル
カラフルな	bunt	ブント
透明な	klar	クラー

第1章　基本単語

Basisvokabular

Japanisch（ドイツ人用）
kuro no   くろの
shiro no   しろの
ao no   あおの
midori no   みどりの
aka no   あかの
mizuiro no   みずいろの
kimidoriiro no   きみどりいろの
kīro no   きいろの
chairo no   ちゃいろの
murasakiiro no   むらさきいろの
orenji no   おれんじの
pinku no   ぴんくの
gurē no   ぐれーの
bēju no   べーじゅの
kin'iro no   きんいろの
gin'iro no   ぎんいろの
koi   こい
usui   あわい
karafuru na   からふるな
tōmē na   とうめいな

文章でも覚えよう！

私は壁を白く塗る。

Ich streiche die Wände weiß an.

イヒ シュトライヘ ディ **ヴェンデ ヴァイス アン**

watashi wa kabe o shiroku nuru.

私はたいてい青のジーンズをはいている。

Ich trage meistens eine blaue Jeans.

イヒ ト**ラ**ーゲ マイステンス アイネ ブラオエ ジーンズ

watashi wa taitē ao no jīnzu o haite iru.

彼は茶色の上着を着ている。

Er trägt eine braune Jacke.

エア ト**レ**ークト アイネ ブラオネ **ヤ**ッケ

kare wa chairo no uwagi o kite iru.

私は赤いセーターを着ている。

Ich trage einen roten Pullover.

イヒ ト**ラ**ーゲ アイネン ローテン プ**ロ**ーヴァ

watashi wa akai sētā o kite iru.

動物 Tiere

日本語	ドイツ語	カナ読み
動物	⊕ das Tier	ダス **ティーア**
ペット	⊕ das Haustier	ダス **ハ**オス・**ティーア**
犬	男 der Hund	デア **フント**
猫	女 die Katze	ディ **カ**ッツェ
ウサギ	男 der Hase	デア **ハ**ーゼ
ネズミ	女 die Maus	ディ **マ**オス
馬	⊕ das Pferd	ダス **プフェ**ーアト
牛	⊕ das Rind	ダス **リ**ント
鳥	男 der Vogel	デア **フォ**ーゲル
ハト	女 die Taube	ディ **タ**オベ
カラス	女 die Krähe	ディ ク**レ**ーエ
アヒル	女 die Ente	ディ **エ**ンテ
カエル	男 der Frosch	デア フ**ロ**シュ
ヘビ	女 die Schlange	ディ シュ**ラ**ンゲ
昆虫	⊕ das Insekt	ダス イン**ゼ**クト
蚊	女 die Mücke	ディ **ミュ**ッケ
ミツバチ	女 die Biene	ディ **ビ**ーネ
ハエ	女 die Fliege	ディ フ**リ**ーゲ
クモ	女 die Spinne	ディ シュ**ピ**ネ
アリ	女 die Ameise	ディ **ア**ーマイゼ

第1章　基本単語

Basisvokabular

Japanisch（ドイツ人用）
dōbutsu どうぶつ
petto ぺっと
inu いぬ
neko ねこ
usagi うさぎ
nezumi ねずみ
uma うま
ushi うし
tori とり
hato はと
karasu からす
ahiru あひる
kaeru かえる
hebi へび
konchū こんちゅう
ka か
mitsubachi みつばち
hae はえ
kumo くも
ari あり

文章でも覚えよう！

あなたはペットを飼っていますか？

Haben Sie ein Haustier？

ハーベン ズィー アイン **ハ**オス・ティーア

anata wa petto o katte imasu ka？

はい、犬を飼っています。

Ja, ich habe einen Hund.

ヤー イヒ ハーベ アイネン **フ**ント

hai, inu o katte imasu.

ハトは平和の象徴だ。

Die Taube ist ein Symbol des Friedens.

ディ **タ**オベ イスト アイン ズュン**ボ**ール デス フ**リー**デンス

hato wa hēwa no shōchō da.

私は蚊に刺された。

Ich wurde von einer Mücke gestochen.

イヒ ヴルデ フォン アイナー **ミュ**ッケ ゲシュ**ト**ッヘン

watashi wa ka ni sasareta.

植物 Pflanzen

日本語	ドイツ語	カナ読み
植物	die Pflanze (女)	ディ プフランツェ
木	der Baum (男)	デア バオム
葉	das Blatt (中)	ダス ブラット
枝	der Ast (男)	デア アスト
根	die Wurzel (女)	ディ ヴアツェル
実	die Frucht (女)	ディ フルヒト
モミの木	die Tanne (女)	ディ タンネ
松	die Kiefer (女)	ディ キーファー
クルミの木	der Nussbaum (男)	デア ヌス・バオム
カシ	die Eiche (女)	ディ アイヒェ
草	das Gras (中)	ダス グラース
コケ	das Moos (中)	ダス モース
花	die Blume (女)	ディ ブルーメ
ツツジ	die Azalee (女)	ディ アツァレーエ
桜	der Kirschbaum (男)	デア キルシュ・バオム
バラ	die Rose (女)	ディ ローゼ
ユリ	die Lilie (女)	ディ リーリエ
チューリップ	die Tulpe (女)	ディ トゥルペ
スイセン	die Narzisse (女)	ディ ナルツィッセ
エーデルワイス	das Edelweiß (中)	ダス エーデル・ヴァイス

第1章　基本単語

Basisvokabular

Japanisch（ドイツ人用）
shokubutsu しょくぶつ
ki き
ha は
eda えだ
ne ね
mi み
momi no ki もみのき
matsu まつ
kurumi no ki くるみのき
kashi かし
kusa くさ
koke こけ
hana はな
tsutsuji つつじ
sakura さくら
bara ばら
yuri ゆり
chūrippu ちゅーりっぷ
suisen すいせん
ēderuwaisu えーでるわいす

文章でも覚えよう！

どの花が好きですか？

Welche Blume mögen Sie ?

ヴェルヘ　ブルーメ　メーゲン　ズィー

dono hana ga suki desu ka ?

バラの花束を作ってください。

Binden Sie bitte einen Rosenstrauß.

ビンデン　ズィー　ビッテ　アイネン　ローゼン・シュトラオス

bara no hanataba o tsukutte kudasai.

私はユリが好きだ。

Ich mag Lilien.

イヒ　マーク　リーリエン

watashi wa yuri ga suki da.

エーデルワイスは高山植物だ。

Edelweiß ist eine Alpenpflanze.

エーデル・ヴァイス　イスト　アイネ　アルペン・プフランツェ

ēderuwaisu wa kōzan shokubutsu da.

国の情報 Länderinformation

日本語	ドイツ語	カナ読み
国	⊕ das Land	ダス ラント
風土	⊛ die Landschaft	ディ ラントシャフト
気候	⊕ das Klima	ダス クリーマ
人口	⊛ die Einwohnerzahl	ディ アインヴォーナ・ツァール
面積	⊛ die Fläche	ディ フレッヒェ
首都	⊛ die Hauptstadt	ディ ハオプト・シュタット
国家	⑨ der Staat	デア シュタート
国家元首	⊕ das Staatsoberhaupt	ダス シュターツ・オーバー・ハオプト
国民〔男/女〕	⑨ der Staatsbürger ⊛ die Staatsbürgerin	デア シュターツ・ブュルガー ディ シュターツ・ブュルゲリン
政治形態	⊕ das politische System	ダス ポリティッシェ ズィステーム
連邦	⑨ der Bund	デア ブント
州	⊕ das Land	ダス ラント
街	⊛ die Stadt	ディ シュタット
歴史	⊛ die Geschichte	ディ ゲシヒテ
文化	⊛ die Kultur	ディ クルトゥーア
経済	⊛ die Wirtschaft	ディ ヴィルトシャフト
産業	⊛ die Industrie	ディ インドゥストリー
社会保障	⊛ die Sozialversicherung	ディ ゾツィアール・フェアズィッヒェルング
民族	⊕ das Volk	ダス フォルク
言語	⊛ die Sprache	ディ シュプラーへ

第1章 基本単語

Basisvokabular

Japanisch(ドイツ人用)

Japanisch	かな
kuni	くに
fūdo	ふうど
kikō	きこう
jinkō	じんこう
menseki	めんせき
shuto	しゅと
kokka	こっか
kokka genshu	こっかげんしゅ
kokumin	こくみん
sēji kētai	せいじけいたい
rempō	れんぽう
shū	しゅう
machi	まち
rekishi	れきし
bunka	ぶんか
kēzai	けいざい
sangyō	さんぎょう
shakai hoshō	しゃかいほしょう
minzoku	みんぞく
gengo	げんご

文章でも覚えよう！

日本（にほん）の気候（きこう）は温暖（おんだん）だ。

Japan hat ein mildes Klima.

ヤーパン ハット アイン **ミ**ルデス ク**リ**ーマ

nihon no kikō wa ondan da.

東京（とうきょう）は日本（にほん）の首都（しゅと）だ。

Tokio ist die Hauptstadt Japans.

トウキョウ イスト ディ **ハ**オプト・シュタット **ヤ**ーパンス

tōkyō wa nihon no shuto da.

文化（ぶんか）は国（くに）によって様々（さまざま）だ。

Jedes Land hat seine eigene Kultur.

イェーデス ラント ハット ザイネ アイゲネ クル**トゥ**ーア

bunka wa kuni ni yotte samazama da.

世界（せかい）には多（おお）くの民族（みんぞく）が暮（く）らしている。

In der Welt leben viele Völker.

イン デア **ヴェ**ルト **レ**ーベン フィーレ **フェ**ルカー

sekai niwa ōku no minzoku ga kurashite iru.

政治 Politik

日本語	ドイツ語	カナ読み
外交	女 die Diplomatie	ディ ディプロマティー
戦争	男 der Krieg	デア クリーク
平和	男 der Frieden	デア フリーデン
防衛	女 die Verteidigung	ディ フェアタイディグング
工業国	中 das Industrieland	ダス インドゥストリー・ラント
政府	女 die Regierung	ディ レギールング
大統領 [男/女]	男 der Präsident 女 die Präsidentin	デア プレズィデント ディ プレズィデンティン
首相 [ドイツ連邦の 男/女]	男 der Bundeskanzler 女 die Bundeskanzlerin	デア ブンデス・カンツラー ディ ブンデス・カンツレリン
国会	中 das Parlament	ダス パーラメント
政治	女 die Politik	ディ ポリィティーク
政党	女 die Partei	ディ パルタイ
権力	女 die Macht	ディ マハト
選挙	女 die Wahl	ディ ヴァール
司法	女 die Justiz	ディ ユスティーツ
憲法	女 die Verfassung	ディ フェアファッスング
法律	中 das Gesetz	ダス ゲゼッツ
税金	女 die Steuer	ディ シュトイア
省庁	中 das Ministerium	ダス ミニステーリウム
大臣 [男/女]	男 der Minister 女 die Ministerin	デア ミニスター ディ ミニステリン
地方自治	女 die Gemeinde	ディ ゲマインデ

第1章　基本単語

Basisvokabular

Japanisch（ドイツ人用）

gaikō
がいこう

sensō
せんそう

hēwa
へいわ

bōē
ぼうえい

kōgyōkoku
こうぎょうこく

sēfu
せいふ

daitōryō
だいとうりょう

shushō
しゅしょう

kokkai
こっかい

sēji
せいじ

sētō
せいとう

kenryoku
けんりょく

senkyo
せんきょ

shihō
しほう

kempō
けんぽう

hōritsu
ほうりつ

zēkin
ぜいきん

shōchō
しょうちょう

daijin
だいじん

chihō jichi
ちほうじち

文章でも覚えよう！

皆平和を愛している。

Jeder liebt den Frieden.

イェーダー リープト デン フリーデン

mina hēwa o ai shite iru.

政府は税金を引き上げる。

Die Regierung erhöht die Steuern.

ディ レギールング エアヘーエト ディ シュトイエルン

sēfu wa zēkin o hikiageru.

今、国会が開かれている。

Jetzt ist das Parlament eröffnet.

イェツト イスト ダス パーラメント エアエフネット

ima, kokkai ga hirakarete iru

彼は大蔵大臣だ。

Er ist Finanzminister.

エア イスト フィナンツ・ミニスター

kare wa ōkura daijin da.

宗教 Religion

日本語	ドイツ語	カナ読み
□ 宗教	囡 die Religion	ディ レリギオーン
□ 信仰	男 der Glaube	デア グラオベ
□ 宗派	囡 die Konfession	ディ コンフェスィオーン
□ キリスト教	中 das Christentum	ダス クリステントゥーム
□ カトリック	男 der Katholizismus	デア カトリツィスムス
□ カトリックの	katholisch	カトーリッシュ
□ プロテスタント	男 der Protestantismus	デア プロテスタンティスムス
□ プロテスタントの	protestantisch	プロテスタンティッシュ
□ 仏教	男 der Buddhismus	デア ブディスムス
□ 仏教の	buddhistisch	ブディスティッシュ
□ イスラム教	男 der Islam	デア イスラーム
□ ユダヤ教	中 das Judentum	ダス ユーデントゥム
□ 神道	男 der Shintoismus	デア シントーイスムス
□ 儒教	男 der Konfuzianismus	デア コンフツィアニスムス
□ 寺院	男 der Tempel	デア テンペル
□ 聖書	囡 die Bibel	ディ ビーベル
□ 旧約聖書	中 das Alte Testament	ダス アルテ テスタメント
□ 新約聖書	中 das Neue Testament	ダス ノイエ テスタメント
□ 神	男 der Gott	デア ゴット
□ 仏	男 der Buddha	デア ブッダ

第1章　基本単語

Basisvokabular

Japanisch（ドイツ人用）

shūkyō	しゅうきょう
shinkō	しんこう
shūha	しゅうは
kirisutokyō	きりすときょう
katorikku	かとりっく
katorikku no	かとりっくの
purotesutanto	ぷろてすたんと
purotesutanto no	ぷろてすたんとの
bukkyō	ぶっきょう
bukkyō no	ぶっきょうの
isuramukyō	いすらむきょう
yudayakyō	ゆだやきょう
shintō	しんとう
jukyō	じゅきょう
jiin	じいん
sēsho	せいしょ
kyūyaku sēsho	きゅうやくせいしょ
shin'yaku sēsho	しんやくせいしょ
kami	かみ
hotoke	ほとけ

文章でも覚えよう！

宗教をお持ちですか？

Haben Sie eine Religion ?

ハーベン ズィー アイネ レリギ**オー**ン

shūkyō o omochi desu ka ?

いいえ、ありません。（「宗教をお持ちですか？」への返答例）

Nein, ich habe keine Religion.

ナイン イヒ ハーベ カイネ レリギ**オー**ン

īe, ari masen.

私はキリスト教徒です。（カトリック）

Ich bin katholisch.

イヒ ビン カ**トー**リシュ

watashi wa kirisutokyōto desu.

あなたは仏教徒です。

Sie sind buddhistisch.

ズィー ズィント フ**ディ**スティッシュ

anata wa bukkyōto desu.

助動詞 Hilfsverben, Modalverben

日本語	ドイツ語	カナ読み
～できる、～かもしれない [可能性]	können	ケネン
～できない	können ~ nicht ~	ケネン ～ ニヒト ～
～かもしれない [推量]	mögen	メーゲン
～したい	möchte	メヒテ
～したくない	möchte nicht ~	メヒテ ニヒト ～
～してもよい	dürfen	デュルフェン
～してはいけない	dürfen nicht ~	デュルフェン ニヒト ～
～しなければならない、～に違いない	müssen	ミュッセン
～する必要はない [強い制止]	müssen nicht ~	ミュッセン ニヒト ～
～するつもりだ、～しようとしている	wollen	ヴォレン
～しようとしない	wollen ~ nicht ~	ヴォレン ～ ニヒト ～
～するべきだ、～という噂だ	sollen	ゾレン
～するべきではない	sollen nicht ~	ゾレン ニヒト ～
～した [他動詞]	haben	ハーベン
～した [自動詞]	sein	ザイン
～だろう、～される	werden	ヴェアデン
～させる	lassen	ラッセン
～してもらう	haben ~ lassen ~	ハーベン ～ ラッセン ～
～するだけでいい	brauchen nur zu ~	ブラオヘン ヌア ツー ～
～する必要はない [弱い制止]	brauchen nicht zu ~	ブラオヘン ニヒト ツー ～

第1章　基本単語

Basisvokabular

Japanisch（ドイツ人用）

~ dekiru, ~ kamo shirenai
〜できる、〜かもしれない

~ deki nai
〜できない

~ kamo shirenai
〜かもしれない

~ shitai
〜したい

~ shitaku nai
〜したくない

~ shitemo yoi
〜してもよい

~ shitewa ikenai
〜してはいけない

~ shinakereba naranai, ~ ni chigainai
〜しなければならない、〜にちがいない

~ suru hitsuyō wa nai
〜するひつようはない

~ suru tsumori da, ~ shiyōto shiteiru
〜するつもりだ、〜しようとしている

~ shiyō to shinai
〜しようとしない

~ surubeki da, ~ to iu uwasa da
〜するべきだ、〜といううわさだ

~ surubeki dewa nai
〜するべきではない

~ shita
〜した

~ shita
〜した

~ darō, ~ sareru
〜だろう、〜される

~ saseru
〜させる

~ shite morau
〜してもらう

~ suru dake de ī
〜するだけでいい

~ suru hitsuyō wa nai
〜するひつようはない

文章でも覚えよう！

私は日本語を話すことができる。

Ich kann Japanisch sprechen.

イヒ カン ヤパーニッシュ シュプレッヒェン

watashi wa nihongo o hanasu koto ga dekiru.

あなたはドイツ語を話すことができる。

Du kannst Deutsch sprechen.

ドゥー カンスト ドイチュ シュプレッヒェン

anata wa doitsugo o hanasu koto ga dekiru.

窓を閉めてもいいですか？

Darf ich das Fenster schließen?

ダーフ イヒ ダス フェンスター シュリーセン

mado o shime temo īdesu ka ?

彼女は行くべきではありません。

Sie soll nicht gehen.

ズィー ゾル ニヒト ゲーエン

kanojo wa iku beki dewa ari masen.

数字① Zahlen ①

日本語	ドイツ語	カナ読み
0	null	ヌル
1	eins	アインス
2	zwei	ツヴァイ
3	drei	ドライ
4	vier	フィーア
5	fünf	フュンフ
6	sechs	ゼクス
7	sieben	ズィーベン
8	acht	アハト
9	neun	ノイン
10	zehn	ツェーン
11	elf	エルフ
12	zwölf	ツヴェルフ
13	dreizehn	ドライ・ツェーン
14	vierzehn	フィア・ツェーン
15	fünfzehn	フュンフ・ツェーン
16	sechzehn	ゼヒ・ツェーン
17	siebzehn	ズィープ・ツェーン
18	achtzehn	アハ・ツェーン
19	neunzehn	ノイン・ツェーン

第2章 数・時・暦

Zahl・Zeit・Kalender

Japanisch（ドイツ人用）

zero, rē
ぜろ、れい

ichi
いち

ni
に

san
さん

yon, shi
よん、し

go
ご

roku
ろく

nana, shichi
なな、しち

hachi
はち

kyū, ku
きゅう、く

jū
じゅう

jūichi
じゅういち

jūni
じゅうに

jūsan
じゅうさん

jūyon, jūshi
じゅうよん、じゅうし

jūgo
じゅうご

jūroku
じゅうろく

jūnana, jūshichi
じゅうなな、じゅうしち

jūhachi
じゅうはち

jūkyū, jūku
じゅうきゅう、じゅうく

文章でも覚えよう！

1番線（いちばんせん）からベルリン行（い）きの電車（でんしゃ）が出（で）る。

Von Gleis 1 geht der Zug nach Berlin.

フォン グライス **アインス** ゲート デア **ツーク** ナーハ ベル**リー**ン

ichi-bansen kara berurin iki no densha ga deru.

私（わたし）たちは3人兄弟（さんにんきょうだい）だ。

Wir sind drei Geschwister.

ヴィーア ズィント ド**ライ** ゲシュヴィスター

watashi tachi wa san-nin kyōdai da.

私（わたし）は卵（たまご）を5個（ごこ）買（か）う。

Ich kaufe fünf Eier.

イヒ カオフェ **フュンフ アイ**ア

watashi wa tamago o go-ko kau.

私（わたし）の弟（おとうと）は9歳（きゅうさい）だ。

Mein Bruder ist neun Jahre alt.

マイン ブ**ルー**ダー イスト **ノイ**ン ヤーレ アルト

watashi no otōto wa kyū-sai da.

数字② Zahlen ②

日本語	ドイツ語	カナ読み
２０	zwanzig	ツヴァンツィヒ
２１	einundzwanzig	アイン・ウント・ツヴァンツィヒ
３０	dreißig	ドライスィヒ
４０	vierzig	フィアツィヒ
５０	fünfzig	フュンフツィヒ
６０	sechzig	ゼヒツィヒ
７０	siebzig	ズィープツィヒ
８０	achtzig	アハツィヒ
９０	neunzig	ノインツィヒ
１００	hundert	フンダート
１０１	hunderteins	フンダート・アインス
１０００	tausend	タオゼント
１万	zehntausend	ツェーン・タオゼント
１０万	hunderttausend	フンダート・タオゼント
１００万	eine Million	アイネ ミリオーン
１０００万	zehn Millionen	ツェーン ミリオーネン
１億	hundert Millionen	フンダート ミリオーネン
２００ｇ	zweihundert Gramm	ツヴァイ・フンダート グラム
５ユーロ９セント	fünf Euro und neun Cent	フュンフ オイロ ウント ノイン ツェント
１９９１年	neunzehnhundert einundneunzig	ノインツェーン・フンダート・アイン・ウント・ノインツィヒ

第2章　数・時・暦

Zahl・Zeit・Kalender

Japanisch（ドイツ人用）
nijū にじゅう
nijūichi にじゅういち
sanjū さんじゅう
yonjū よんじゅう
gojū ごじゅう
rokujū ろくじゅう
nanajū ななじゅう
hachijū はちじゅう
kyūjū きゅうじゅう
hyaku ひゃく
hyakuichi ひゃくいち
sen せん
ichiman いちまん
jūman じゅうまん
hyakuman ひゃくまん
issemman いっせんまん
ichioku いちおく
nihyaku-guramu にひゃくぐらむ
go-yūro kyū-sento ごゆーろきゅうせんと
sen kyūhyaku kyūjū ichi-nen せんきゅうひゃくきゅうじゅういちねん

文章でも覚えよう！

私は３０歳だ。

Ich bin 30 Jahre alt.

イヒ ビン ド**ライス**ィヒ ヤーレ アルト

watashi wa sanjussai da.

今日の気温は２０度だ。

Heute ist es 20 Grad warm.

ホイテ イスト エス ツ**ヴァン**ツィヒ **グラー**ト ヴァルム

kyō no kion wa nijū-do da.

この車は１万ユーロする。

Dieses Auto kostet zehntausend Euro.

ディーゼス アオト コステット ツェーン・**タ**オゼント **オ**イロ

kono kuruma wa ichiman-yūro suru.

ケルンの人口は約１００万だ。

In Köln leben ca. eine Million Menschen.

イン ケルン レーベン ツィルカ **ア**イネ **ミ**リオーン **メ**ンシェン

kerun no jinkō wa yaku hyakuman da.

序数・分数・倍・回数 Ordinalzahl, Bruchzahl, Multiplikator, Häufigkeit

日本語	ドイツ語	カナ読み
□ 1番目の	erst	エアスト
□ 2番目の	zweit	ツヴァイト
□ 3番目の	dritt	ドリット
□ 10番目の	zehnt	ツェーント
□ 31番目の	einunddreißigst	アイン・ウント・ドライスィヒスト
□ 100番目の	hundertst	フンデルツスト
□ 0.7	null Komma sieben	ヌル コマ ズィーベン
□ 3.14	drei Komma eins vier	ドライ コマ アインス フィーア
□ 2分の1	die Hälfte	ディ ヘルフテ
□ 3分の1	ein Drittel	アイン ドリッテル
□ 4分の3	drei Viertel	ドライ フィアテル
□ 2倍	zweifach	ツヴァイ・ファッハ
□ 3倍	dreifach	ドライ・ファッハ
□ 1回、1度	einmal	アイン・マール
□ 2回、2度	zweimal	ツヴァイ・マール
□ 3回、3度	dreimal	ドライ・マール
□ 第一歩	der erste Schritt	デア エーアステ シュリット
□ 第一印象	der erste Eindruck	デア エーアステ アインドルック
□ 第二次世界大戦	der Zweite Weltkrieg	デア ツヴァイテ ヴェルトクリーク
□ 第九交響曲	die neunte Symphonie	ディ ノインテ ズュンフォニー

第2章　数・時・暦

Zahl・Zeit・Kalender

Japanisch（ドイツ人用）

ichi-bamme no
いちばんめの

ni-bamme no
にばんめの

san-bamme no
さんばんめの

jū-bamme no
じゅうばんめの

sanjūichi-bamme no
さんじゅういちばんめの

hyaku-bamme no
ひゃくばんめの

zero ten nana
ぜろてんなな

san ten ichi yon
さんてんいちよん

ni bun no ichi
にぶんのいち

san bun no ichi
さんぶんのいち

yon bun no san
よんぶんのさん

ni-bai
にばい

san-bai
さんばい

i-kkai, ichi-do
いっかい、いちど

ni-kai, ni-do
にかい、にど

san-kai, san-do
さんかい、さんど

dai ippo
だいいっぽ

dai ichi inshō
だいいちいんしょう

dai ni-ji sekai taisen
だいにじせかいたいせん

dai ku kōkyō kyoku
だいくこうきょうきょく

文章でも覚えよう！

今日は3月1日だ。

Heute ist der erste März.

ホイテ イスト デア エーアステ メルツ

kyō wa san-gatsu tsuitachi da.

その半分をもらいます。

Ich nehme die Hälfte.

イヒ ネーメ ディ ヘルフテ

sono hambun o morai masu.

私は月に1度、医者に行く。

Einmal im Monat gehe ich zum Arzt.

アインマール イム モーナト ゲーエ イヒ ツム アールツト

watashi wa tsuki ni ichi-do isha ni iku.

私はドイツに対して良い印象を持っている。

Ich habe einen guten Eindruck von Deutschland.

イヒ ハーベ アイネン グーテン アインドルック フォン ドイチュラント

watashi wa doitsu ni taishite yoi inshō o motte iru.

時・時刻 Zeit, Uhrzeit

日本語	ドイツ語	カナ読み
時間	囡 die Zeit	ディ ツァイト
時間〔単位として〕	囡 die Stunde	ディ シュトゥンデ
時〔時刻として〕	Uhr	ウーア
秒	囡 die Sekunde	ディ ゼクンデ
分	囡 die Minute	ディ ミヌーテ
～時～分です	~Uhr~Minute(n)	～ウーア～ミヌーテ(ン)
～時15分です	Viertel nach~	フィーアテル ナーハ～
～時半です	~Uhr dreißig	～ウーア ドライスィヒ
～時45分です	Viertel vor~	フィーアテル フォア～
～時ごろ	gegen~Uhr	ゲーゲン～ウーア
～時に	um~Uhr	ウム～ウーア
～から	ab~	アップ～
～まで	bis~	ビス～
朝	男 der Morgen *	デア モルゲン
午前	男 der Vormittag *	デア フォア・ミッターク
正午	男 der Mittag *	デア ミッターク
昼	男 der Tag *	デア ターク
午後	男 der Nachmittag *	デア ナーハ・ミッターク
夕方	男 der Abend *	デア アーベント
夜	囡 die Nacht *	ディ ナハト

＊ドイツ語で午前・午後を表す時、これらの単語の語末に
　sを加えた表現がよく使われます。

第2章　数・時・暦

Zahl・Zeit・Kalender

Japanisch（ドイツ人用）

jikan
じかん

jikan
じかん

ji
じ

byō
びょう

fun
ふん

~ ji ~ fun desu
~じ~ふんです

~ ji jūgo-fun desu
~じじゅうごふんです

~ ji han desu
~じはんです

~ ji yonjūgo-fun desu
~じよんじゅうごふんです

~ ji goro
~じごろ

~ ji ni
~じに

~ kara
~から

~ made
~まで

asa
あさ

gozen
ごぜん

shōgo
しょうご

hiru
ひる

gogo
ごご

yūgata
ゆうがた

yoru
よる

文章でも覚えよう！

夕方6時に会いましょう。

Treffen wir uns um 6 Uhr abends.

トレッフェン ヴィア ウンス ウム **ゼクス** ウーア **アーベンツ**

yūgata roku-ji ni ai mashō.

1時間かかる。

Es dauert eine Stunde.

エス **ダ**オエルト アイネ シュ**トゥ**ンデ

ichi-jikan kakaru.

今何時ですか？　／　6時です。

Wie spät ist es ? / Es ist 6 Uhr.

ヴィー シュペート イスト エス / エス イスト **ゼクス** ウーア

ima nanji desu ka ? / roku-ji desu.

9時15分です。

Es ist Viertel nach neun.

エス イスト **フィー**アテル ナーハ **ノ**イン

ku-ji jūgo-fun desu.

時を表す言葉 Worte mit Zeitlichem Bezug

日本語	ドイツ語	カナ読み
今	jetzt	イェツト
さっき	vorhin	フォアヒン
すでに、もう	schon	ショーン
まだ	noch	ノッホ
いつも	immer	イマー
これまで	bis jetzt	ビス イェツト
これから	danach	ダーナーハ
以前	früher	フリューアー
すぐに	gleich	グライヒ
あとで	später	シュペーター
〜の前に	vor〜	フォア〜
〜の後に	nach〜	ナーハ〜
〜以来	seit〜	ザイト〜
ずっと	dauernd	ダオアント
早い	früh	フリュー
遅い	spät	シュペート
過去	女 die Vergangenheit	ディ フェアガンゲンハイト
現在	女 die Gegenwart	ディ ゲーゲンヴァルト
未来	女 die Zukunft	ディ ツークンフト
時差	男 der Zeitunterschied	デア ツァイト・ウンターシート

第2章 数・時・暦

Zahl・Zeit・Kalender

Japanisch（ドイツ人用）

ima
いま

sakki
さっき

sude ni, mō
すでに、もう

mada
まだ

itsumo
いつも

koremade
これまで

korekara
これから

izen
いぜん

sugu ni
すぐに

ato de
あとで

~ no mae ni
～のまえに

~ no ato ni
～のあとに

~ irai
～いらい

zutto
ずっと

hayai
はやい

osoi
おそい

kako
かこ

genzai
げんざい

mirai
みらい

jisa
じさ

文章でも覚えよう！

信号(しんごう)が今(いま)赤(あか)だ。

Die Ampel ist jetzt rot.

ディ アンペル イスト イェツト ロート

shingō ga ima aka da.

また後(あと)で。

Bis später.

ビス シュペーター

mata ato de.

私(わたし)は明朝(みょうちょう)旅立(たびだ)つ。

Morgen früh reise ich ab.

モルゲン フリュー ライゼ イヒ アプ

watashi wa myōchō tabidatsu.

未来(みらい)のことはわからない。

Man weiß die Zukunft nicht.

マン ヴァイス ディ ツークンフト ニヒト

mirai no koto wa waka ranai.

曜日と月 Wochentag und Monat

日本語	ドイツ語	カナ読み
□ 月曜日	男 der Montag	デア モーンターク
□ 火曜日	男 der Dienstag	デア ディーンスターク
□ 水曜日	男 der Mittwoch	デア ミットヴォホ
□ 木曜日	男 der Donnerstag	デア ドナースターク
□ 金曜日	男 der Freitag	デア フライターク
□ 土曜日	男 der Samstag	デア ザムスターク
□ 日曜日	男 der Sonntag	デア ゾンターク
□ １月	男 der Januar	デア ヤヌアー
□ ２月	男 der Februar	デア フェーブルアー
□ ３月	男 der März	デア メルツ
□ ４月	男 der April	デア アプリル
□ ５月	男 der Mai	デア マイ
□ ６月	男 der Juni	デア ユーニ
□ ７月	男 der Juli	デア ユーリ
□ ８月	男 der August	デア アオグスト
□ ９月	男 der September	デア ゼプテムバー
□ １０月	男 der Oktober	デア オクトーバー
□ １１月	男 der November	デア ノヴェムバー
□ １２月	男 der Dezember	デア デツェムバー
□ 日付	中 das Datum	ダス ダートゥム

数・時・暦

第2章 数・時・暦

Zahl・Zeit・Kalender

文章でも覚えよう！

Japanisch（ドイツ人用）	
getsu yōbi げつようび	
ka yōbi かようび	
sui yōbi すいようび	
moku yōbi もくようび	
kin yōbi きんようび	
do yōbi どようび	
nichi yōbi にちようび	
ichi-gatsu いちがつ	
ni-gatsu にがつ	
san-gatsu さんがつ	
shi-gatsu しがつ	
go-gatsu ごがつ	
roku-gatsu ろくがつ	
shichi-gatsu しちがつ	
hachi-gatsu はちがつ	
ku-gatsu くがつ	
jū-gatsu じゅうがつ	
jūichi-gatsu じゅういちがつ	
jūni-gatsu じゅうにがつ	
hizuke ひづけ	

1月には雪がたくさん降る。

Im Januar schneit es viel.

イム **ヤ**ヌアール シュナイト エス **フィ**ール

ichi-gatsu niwa yuki ga takusan furu.

4月には桜が咲く。

Im April blühen die Kirschbäume.

イム アプ**リ**ル ブリューエン ディ **キ**ルシュ・ボイメ

shi-gatsu niwa sakura ga saku.

9月に学校が始まる。

Im September fängt die Schule an.

イム ゼプ**テ**ムバー フェングト ディ シューレ **ア**ン

ku-gatsu ni gakkō ga hajimaru.

日曜日は店が閉まっている。

Am Sonntag sind die Geschäfte geschlossen.

アム **ゾ**ンターク ズィント ディ ゲシェフテ ゲシュ**ロ**ッセン

nichi yōbi wa mise ga shimatte iru.

年月日と季節 Datum und Jahreszeit

日本語	ドイツ語	カナ読み
☐ 日	男 der Tag	デア **ターク**
☐ 週	女 die Woche	ディ **ヴォッ**ヘ
☐ 月	男 der Monat	デア **モー**ナト
☐ 年	中 das Jahr	ダス **ヤー**
☐ 毎日	jeden Tag	**イェー**デン **ターク**
☐ 毎週	jede Woche	**イェー**デ **ヴォッ**ヘ
☐ 毎月	jeden Monat	**イェー**デン **モー**ナト
☐ 毎年	jedes Jahr	**イェー**デス **ヤー**
☐ 半日	halbtägig	**ハ**ルプ・**テー**ギヒ
☐ 半月	halber Monat	**ハ**ルバー **モー**ナト
☐ 半年	halbes Jahr	**ハ**ルベス **ヤー**
☐ 一日中	den ganzen Tag	デン **ガン**ツェン **ターク**
☐ 上旬	男 Anfang ~	**アンファング** ~
☐ 中旬	女 Mitte ~	**ミッ**テ ~
☐ 下旬	中 Ende ~	**エン**デ ~
☐ 季節	女 die Jahreszeit	ディ **ヤー**レス・**ツァイト**
☐ 春	男 der Frühling	デア **フリュー**リンク
☐ 夏	男 der Sommer	デア **ゾ**マー
☐ 秋	男 der Herbst	デア **ヘルプスト**
☐ 冬	男 der Winter	デア **ヴィン**ター

第2章 数・時・暦

Zahl・Zeit・Kalender

Japanisch (ドイツ人用)

hi	ひ
shū	しゅう
tsuki	つき
nen	ねん
mainichi	まいにち
maishū	まいしゅう
maitsuki	まいつき
maitoshi	まいとし
han'nichi	はんにち
hantsuki	はんつき
hantoshi	はんとし
ichinichijū	いちにちじゅう
jōjun	じょうじゅん
chūjun	ちゅうじゅん
gejun	げじゅん
kisetsu	きせつ
haru	はる
natsu	なつ
aki	あき
fuyu	ふゆ

文章でも覚えよう！

私は毎日ジョギングをする。

Ich jogge jeden Tag.

イヒ ジョゲ イェーデン ターク

watashi wa mainichi jogingu o suru.

5月上旬は初夏です。

Anfang Mai ist Frühsommer.

アンファング マイ イスト フリュー・ゾマー

go-gatu jōjun wa shoka desu.

私は冬にスキーをする。

Im Winter fahre ich Ski.

イム ヴィンター ファーレ イヒ シー

watashi wa fuyu ni sukī o suru.

あけましておめでとう！

Ein frohes neues Jahr !

アイン フローエス ノイエス ヤー

akemashite omedetō !

暦① Kalender ①

日本語	ドイツ語	カナ読み
おととい	vorgestern	フォア・ゲスターン
昨日	gestern	ゲスターン
今日	heute	ホイテ
明日	morgen	モルゲン
あさって	übermorgen	ユーバー・モルゲン
先週	letzte Woche	レツテ ヴォッヘ
今週	diese Woche	ディーゼ ヴォッヘ
来週	nächste Woche	ネークステ ヴォッヘ
週末	⊕das Wochenende	ダス ヴォッヘン・エンデ
先月	letzten Monat	レツテン モーナト
今月	diesen Monat	ディーゼン モーナト
来月	nächsten Monat	ネークステン モーナト
月末	⊕das Monatsende	ダス モーナツ・エンデ
一昨年	vorletztes Jahr	フォア・レツテス ヤー
昨年	letztes Jahr	レツテス ヤー
今年	dieses Jahr	ディーゼス ヤー
来年	nächstes Jahr	ネークステス ヤー
新年	⊕das Neujahr	ダス ノイヤー
年末	⊕das Jahresende	ダス ヤーレス・エンデ
カレンダー	男der Kalender	デア カレンダー

第2章 数・時・暦

Zahl・Zeit・Kalender

文章でも覚えよう！

Japanisch（ドイツ人用）
ototoi おととい
kinō きのう
kyō きょう
asu あす
asatte あさって
senshū せんしゅう
konshū こんしゅう
raishū らいしゅう
shūmatsu しゅうまつ
sengetsu せんげつ
kongetsu こんげつ
raigetsu らいげつ
getsumatsu げつまつ
issakunen いっさくねん
sakunen さくねん
kotoshi ことし
rainen らいねん
shin'nen しんねん
nemmatsu ねんまつ
karendā かれんだー

私は明日までパリに滞在する。

Ich bleibe bis morgen in Paris.

イヒ ブライベ ビス モルゲン イン パリス

watashi wa asu made pari ni taizai suru.

今週、あなたを訪ねます。

Diese Woche besuche ich Sie.

ディーゼ ヴォッヘ ベズーヘ イヒ ズィー

konshū, anata o tazune masu.

私は来年ヨーロッパに行く。

Nächstes Jahr gehe ich nach Europa.

ネークステス ヤー ゲーエ イヒ ナーハ オイローパ

watashi wa rainen yōroppa ni iku.

私は来年のカレンダーを買った。

Ich habe mir einen neuen Kalender für nächstes Jahr gekauft.

イヒ ハーベ ミア アイネン ノイエン カレンダー フュア ネークステス ヤー ゲカオフト

watashi wa rainen no karendā o katta.

-29

暦② Kalender ②

日本語	ドイツ語	カナ読み
平日	男 der Werktag	デア **ヴェルク**・ターク
休暇日	男 der Urlaubstag	デア **ウー**アラウプス・ターク
祝祭日	男 der Feiertag	デア **ファイアー**・ターク
元旦	男 der Neujahrstag	デア **ノ**イヤース・ターク
聖金曜日	男 der Karfreitag	デア **カール**・フライターク
カーニバル［謝肉祭］	男 der Karneval	デア **カ**ルネヴァル
復活祭	中 das Ostern	ダス **オー**スターン
メーデー	男 der Maifeiertag	デア **マイ**・ファイア・ターク
母の日	男 der Muttertag	デア **ムッター**・ターク
キリストの昇天祭	女 die Christi Himmelfahrt	ディ ク**リ**スティ **ヒ**ンメル・ファールト
秋分	男 der Herbstanfang	デア **ヘ**ルプスト・アンファング
ドイツ統一の日	男 Tag der Deutschen Einheit	**ターク** デア **ド**イチェン **ア**インハイト
アドヴェント	男 der Advent	デア アド**ヴェ**ント
クリスマス・イヴ	男 der Heiligabend	デア **ハ**イリヒ・アーベント
クリスマス	中 das Weihnachten	ダス **ヴァ**イナハテン
大晦日	男 der Silvester	デア ズィル**ヴェ**スター
記念日	男 der Gedenktag	デア ゲ**デ**ンク・ターク
誕生日	男 der Geburtstag	デア ゲ**ブー**アツ・ターク
命日	男 der Todestag	デア **トー**デス・ターク
生年月日	中 das Geburtsdatum	ダス ゲ**ブー**アツ・ダートゥム

第2章 数・時・暦

Zahl・Zeit・Kalender

Japanisch（ドイツ人用）

hējitsu
へいじつ

kyūkabi
きゅうかび

shukusaijitsu
しゅくさいじつ

gantan
がんたん

sēkin'yōbi
せいきんようび

kānibaru
かーにばる

fukkatsusai
ふっかつさい

mēdē
めーでー

haha no hi
ははのひ

kirisuto no shōtensai
きりすとのしょうてんさい

shūbun
しゅうぶん

doitsu tōitsu no hi
どいつとういつのひ

adobento
あどゔぇんと

kurisumasu・ivu
くりすます・いう

kurisumasu
くりすます

ōmisoka
おおみそか

kınembi
きねんび

tanjōbi
たんじょうび

mēnichi
めいにち

sēnengappi
せいねんがっぴ

文章でも覚えよう！

今日は祝祭日だ。

Heute ist ein Feiertag.

ホイテ イスト アイン **ファ**イアー・ターク

kyō wa shukusaijitsu da.

カーニバルを祝いましょう。

Feiern wir Karneval !

ファイエルン ヴィーア **カ**ルネヴァール

kānibaru o iwai mashō.

今日は私の誕生日だ。

Heute habe ich Geburtstag.

ホイテ ハーベ イヒ ゲ**ブ**ーアツ・ターク

kyō wa watashi no tanjōbi da.

あなたの生年月日はいつですか？

Wann ist Ihr Geburtsdatum ?

ヴァン イスト **イ**ーア ゲ**ブ**ーアツ・ダートゥム

anata no sēnen gappi wa itsu desu ka ?

頭の各名称 Name des Kopfes

日本語	ドイツ語	カナ読み
頭	男 der Kopf	デア コプフ
脳	中 das Gehirn	ダス ゲヒルン
髪	複 die Haare	ディ ハーレ
顔	中 das Gesicht	ダス ゲズィヒト
額	女 die Stirn	ディ シュティルン
目	中 das Auge	ダス アオゲ
まぶた	中 das Lid	ダス リート
まゆ毛	複 die Brauen	ディ ブラオエン
まつ毛	複 die Wimpern	ディ ヴィンパン
耳	中 das Ohr	ダス オーア
鼻	女 die Nase	ディ ナーゼ
口	男 der Mund	デア ムント
歯	男 der Zahn	デア ツァーン
唇	女 die Lippe	ディ リッペ
舌	女 die Zunge	ディ ツンゲ
ほお	女 die Wange	ディ ヴァンゲ
あご	中 das Kinn	ダス キン
のど	女 die Kehle	ディ ケーレ
ほくろ	中 das Muttermal	ダス ムッター・マール
しみ	男 der Leberfleck	デア レーバー・フレック

第3章 身体と心

Körper und Herz

Japanisch（ドイツ人用）
atama あたま
nō のう
kami かみ
kao かお
hitai ひたい
me め
mabuta まぶた
mayuge まゆげ
matsuge まつげ
mimi みみ
hana はな
kuchi くち
ha は
kuchibiru くちびる
shita した
hō ほお
ago あご
nodo のど
hokuro ほくろ
shimi しみ

文章でも覚えよう！

私は頭が痛い。

Mein Kopf tut weh.

マイン **コ**プフ トゥート **ヴェ**ー

watashi wa atama ga itai.

髪がよく抜ける。

Die Haare fallen mir oft aus.

ディ **ハ**ーレ ファレン ミア オフト **ア**オス

kami ga yoku nukeru.

鼻がときどき詰まる。

Meine Nase ist manchmal zu.

マイネ **ナ**ーゼ イスト マンヒマル **ツ**ー

hana ga tokidoki tsumaru.

私は歯痛がする。

Ich habe Zahnschmerzen.

イヒ ハーベ **ツァ**ーン・シュメアツェン

watashi wa shitsū ga suru.

身体の各名称① Name der Körperteile ①

日本語	ドイツ語	カナ読み
□ 身体	男 der Körper	デア ケルパー
□ 上半身	男 der Oberkörper	デア オーバー・ケルパー
□ 首	男 der Hals	デア ハルス
□ うなじ	男 der Nacken	デア ナッケン
□ 肩	女 die Schulter	ディ シュルター
□ 胸、乳房	女 die Brust	ディ ブルスト
□ 背中	男 der Rücken	デア リュッケン
□ 腹	男 der Bauch	デア バオホ
□ へそ	男 der Nabel	デア ナーベル
□ うで	男 der Arm	デア アルム
□ ひじ	男 der Ellbogen	デア エルボーゲン
□ 手のひら	女 die Handfläche	ディ ハント・フレッヒェ
□ 手首	中 das Handgelenk	ダス ハント・ゲレンク
□ 手	女 die Hand	ディ ハント
□ 指〔手の〕	男 der Finger	デア フィンガー
□ つめ	男 der Nagel	デア ナーゲル
□ 皮膚	女 die Haut	ディ ハオト
□ 筋肉	男 der Muskel	デア ムスケル
□ 神経	男 der Nerv	デア ネルフ
□ 血	中 das Blut	ダス ブルート

第3章　身体と心

Körper und Herz

Japanisch（ドイツ人用）

karada
からだ

jōhanshin
じょうはんしん

kubi
くび

unaji
うなじ

kata
かた

mune, chibusa
むね、ちぶさ

senaka
せなか

hara
はら

heso
へそ

ude
うで

hiji
ひじ

te no hira
てのひら

tekubi
てくび

te
て

yubi
ゆび

tsume
つめ

hifu
ひふ

kin'niku
きんにく

shinkē
しんけい

chi
ち

文章でも覚えよう！

私は背中がかゆい。

Der Rücken juckt mir.

デア リュッケン ユックト ミア

watashi wa senaka ga kayui.

君の爪は長い。

Dein Nagel ist lang.

ダイン ナーゲル イスト ラング

kimi no tsume wa nagai.

皮膚が乾燥している。

Meine Haut ist trocken.

マイネ ハオト イスト トロッケン

hifu ga kansō shite iru.

彼は空腹でお腹が鳴っている。

Ihm knurrt der Bauch.

イーム クヌアト デア バオホ

kare wa kūfuku de onaka ga natte iru.

身体の各名称 ② Name der Körperteile ②

日本語	ドイツ語	カナ読み
□ 下半身	男 der Unterkörper	デア ウンター・ケルパー
□ 腰	女 die Hüfte	ディ ヒュフテ
□ 尻	中 das Gesäß	ダス ゲゼース
□ 脚	中 das Bein	ダス バイン
□ 足［足首から下］	男 der Fuß	デア フース
□ ふともも	男 der Oberschenkel	デア オーバー・シュンケル
□ ひざ	中 das Knie	ダス クニー
□ ふくらはぎ	女 die Wade	ディ ヴァーデ
□ くるぶし	男 der Knöchel	デア クネッヒェル
□ かかと	女 die Ferse	ディ フェルゼ
□ 足の裏	女 die Fußsohle	ディ フース・ゾーレ
□ 指［足の］	女 die Zehe	ディ ツェーエ
□ 性器	中 das Geschlechtsorgan	ダス ゲシュレヒツ・オルガーン
□ 内臓	中 das innere Organ	ダス イネレ オルガーン
□ 心臓	中 das Herz	ダス ヘルツ
□ 肺	女 die Lunge	ディ ルンゲ
□ 肝臓	女 die Leber	ディ レーバー
□ 胃	男 der Magen	デア マーゲン
□ 腎臓	女 die Niere	ディ ニーレ
□ 骨	男 der Knochen	デア クノッヘン

第3章　身体と心

Körper und Herz

Japanisch（ドイツ人用）

kahanshin
かはんしん

koshi
こし

shiri
しり

ashi
あし

ashi
あし

futomomo
ふともも

hiza
ひざ

fukurahagi
ふくらはぎ

kurubushi
くるぶし

kakato
かかと

ashi no ura
あしのうら

yubi
ゆび

sēki
せいき

naizō
ないぞう

shinzō
しんぞう

hai
はい

kanzō
かんぞう

i
い

zinjō
じんぞう

hone
ほね

文章でも覚えよう！

私は腰が痛い。

Meine Hüfte tut mir weh.

マイネ ヒュフテ トゥート ミア ヴェー

watashi wa koshi ga itai.

私は足を骨折した。

Ich habe mir den Fuß gebrochen.

イヒ ハーベ ミア デン フース ゲブロッヘン

watashi wa ashi o kossetsu shita.

心臓がドキドキする。

Mein Herz klopft.

マイン ヘルツ クロプフト

shinzō ga dokidoki suru.

猫は腎臓が弱い。

Katzen haben schwache Nieren.

カッツェン ハーベン シュヴァッヘ ニーレン

neko wa jinzō ga yowai.

容姿 Aussehen

日本語	ドイツ語	カナ読み
身長	ⓕ die Körpergröße	ディ ケルパー・グレーセ
背が高い	groß	グロース
背が低い	klein	クライン
体重	ⓝ das Körpergewicht	ダス ケルパー・ゲヴィヒト
痩せた	schlank	シュランク
太った	dick	ディック
長髪の	langhaarig	ラング・ハーリヒ
短髪の	kurzhaarig	クルツ・ハーリヒ
禿げた	kahl	カール
容姿	ⓝ das Aussehen	ダス アオス・ゼーエン
美しい	schön	シェーン
醜い	hässlich	ヘスリヒ
魅力的な	charmant	シャマント
かわいい	hübsch	ヒュプシュ
ハンサムな	gut aussehend	グート アオス・ゼーエント
スポーツマンタイプ	sportlich	シュポルトリヒ
たくましい	kräftig	クレフティヒ
華奢な	zart	ツァールト
豊満な	üppig	ユッピヒ
日焼けした	sonnengebräunt	ゾネン・ゲブロイント

第3章　身体と心

Körper und Herz

Japanisch (ドイツ人用)
shinchō しんちょう
se ga takai せがたかい
se ga hikui せがひくい
taijū たいじゅう
yaseta やせた
futotta ふとった
chōhatsu no ちょうはつの
tampatsu no たんぱつの
hageta はげた
yōshi ようし
utsukushī うつくしい
minikui みにくい
miryokuteki na みりょくてきな
kawaī かわいい
hansamu na はんさむな
supōtsuman taipu すぽーつまんたいぷ
takumashī たくましい
kyasha na きゃしゃな
hōman na ほうまんな
hiyake shita ひやけした

文章でも覚えよう!

彼はどんな容姿ですか？

Wie sieht er aus ?

ヴィー ズィート エア **ア**オス

kare wa don'na yōshi desu ka ?

彼はとても背が高い。

Er ist sehr groß.

エア イスト ゼーア グ**ロ**ース

kare wa totemo se ga takai.

彼女は美しい。

Sie ist schön.

ズィー イスト **シェ**ーン

kanojo wa utukushī.

その服、かわいいね。

Dieser Kleid ist hübsch.

ディーザー クライト イスト **ヒュ**ップシュ

sono fuku, kawaī ne.

動作・行動・状態 ① Benehmen, Aktion, Zustand ①

日本語	ドイツ語	カナ読み
言う	sagen	ザーゲン
話す	sprechen	シュプレッヘン
読む	lesen	レーゼン
行く	gehen	ゲーエン
行く［乗り物で］	fahren	ファーレン
走る	laufen	ラオフェン
座る	sich⁴ setzen	ズィッヒ ゼッツェン
立っている	stehen	シュテーエン
座っている	sitzen	ズィッツェン
持っている	haben	ハーベン
来る	kommen	コメン
滞在する	bleiben	ブライベン
待つ	warten	ヴァルテン
始める	an|fangen	アンファンゲン
止める	auf|hören	アオフヘーレン
持っていく	bringen	ブリンゲン
作る、する	machen	マッヘン
～と呼ばれている	heißen	ハイセン
立てておく	stellen	シュテレン
する	tun	トゥーン

身体と心

第3章　身体と心

Körper und Herz

Japanisch（ドイツ人用）

iu	いう
hanasu	はなす
yomu	よむ
iku	いく
iku	いく
hashiru	はしる
suwaru	すわる
tatte iru	たっている
suwatte iru	すわっている
motte iru	もっている
kuru	くる
taizai suru	たいざいする
matsu	まつ
hajimeru	はじめる
tomeru	とめる
motte iku	もっていく
tsukuru, suru	つくる、する
~ to yobarete iru	～とよばれている
tateteoku	たてておく
suru	する

文章でも覚えよう！

ゆっくり話してください。

Sprechen Sie bitte langsam.

シュプレッヘン ズィー ビッテ ラングザーム

yukkuri hana shite kudasai.

その椅子に座っていいですか？

Darf ich mich auf den Stuhl setzen ?

ダルフ イヒ ミヒ アオフ デン シュトゥール ゼッツエン

sono isu ni suwatte ī desu ka ?

次のバスを待ちますか？

Warten Sie auf den nächsten Bus ?

ヴァルテン ズィー アオフ デン ネークステン ブス

tsugi no basu o machi masu ka ?

これはドイツ語でなんといいますか？

Wie heißt das auf Deutsch ?

ヴィー ハイスト ダス アオフ ドイチュ

kore wa doitsugo de nanto ī masu ka ?

動作・行動・状態② Benehmen, Aktion, Zustand ②

日本語	ドイツ語	カナ読み
□ 使う	benutzen	ベヌッツェン
□ 見せる	zeigen	ツァイゲン
□ 探す	suchen	ズーヘン
□ 見つける	finden	フィンデン
□ 失う	verlieren	フェアリーレン
□ つかんでいる	halten	ハルテン
□ 動かす	bewegen	ベヴェーゲン
□ 取る	nehmen	ネーメン
□ 得る	bekommen	ベコメン
□ 与える	geben	ゲーベン
□ 横たわっている	liegen	リーゲン
□ 置く	legen	レーゲン
□ 物語る	erzählen	エアツェーレン
□ 助ける	helfen	ヘルフェン
□ 質問する	fragen	フラーゲン
□ 答える	antworten	アントヴォルテン
□ お願いする	bitten	ビッテン
□ 終える	beenden	ベエンデン
□ 急いでいる	eilig	アイリヒ
□ 準備ができている	bereit	ベライト

身体と心

第3章 身体と心

Körper und Herz

文章でも覚えよう！

Japanisch（ドイツ人用）
tsukau   つかう
miseru   みせる
sagasu   さがす
mitsukeru   みつける
ushinau   うしなう
tsukande iru   つかんでいる
ugokasu   うごかす
toru   とる
eru   える
ataeru   あたえる
yokotawatte iru   よこたわっている
oku   おく
monogataru   ものがたる
tasukeru   たすける
shitsumon suru   しつもんする
kotaeru   こたえる
onegai suru   おねがいする
oeru   おえる
isoide iru   いそいでいる
jumbi ga dekite iru   じゅんびができている

トイレをお借りしていいですか？

Darf ich die Toilette benutzen ?

ダルフ イヒ ディ トアレッテ ベヌッツェン

toire o okari shite ī desu ka ?

私は最寄りの駅を探しています。

Ich suche den nähesten Bahnhof.

イヒ ズーヘ デン ネーヘステン バーン・ホーフ

watashi wa moyori no eki o sagashite imasu.

私はベッドに横になっている。

Ich liege auf dem Bett.

イヒ リーゲ アオフ デム ベット

watashi wa beddo ni yoko ni natte iru.

ちょっとお尋ねしてよろしいですか？

Darf ich etwas fragen ?

ダルフ イヒ エトヴァス フラーゲン

chotto otazune site yoroshī desu ka ?

知覚・思考 Wahrnehmung, Gedanken

日本語	ドイツ語	カナ読み
□ 知る ［知識・情報として］	wissen	ヴィッセン
□ 考える	denken	デンケン
□ 理解する	verstehen	フェアシュテーエン
□ 信じる	glauben	グラオベン
□ 思う	meinen	マイネン
□ 知る ［経験で］	kennen	ケネン
□ 認識する	erkennen	エアケネン
□ 気がつく	merken	メルケン
□ 忘れる	vergessen	フェアゲッセン
□ 感じる	spüren	シュピューレン
□ 知覚する	wahr|nehmen	ヴァーネーメン
□ 聞く	hören	ヘーレン
□ 見る	sehen	ゼーエン
□ 享受する	genießen	ゲニーセン
□ 推察する	vermuten	フェアムーテン
□ 嗅ぐ	riechen	リーヒェン
□ 触れる	berühren	ベリューレン
□ 思い出す	sich^4 erinnern	ズッヒ エアイナーン
□ 経験する	erfahren	エアファーレン
□ 想像する	sich^3 vor|stellen	ズィッヒ フォアシュテレン

身体と心

第3章　身体と心

Körper und Herz

文章でも覚えよう！

Japanisch（ドイツ人用）	
shiru しる	
kangaeru かんがえる	
rikai suru りかいする	
shinjiru しんじる	
omou おもう	
shiru しる	
ninshiki suru にんしきする	
ki ga tsuku きがつく	
wasureru わすれる	
kanjiru かんじる	
chikaku suru ちかくする	
kiku きく	
miru みる	
kyōju suru きょうじゅする	
suisatsu suru すいさつする	
kagu かぐ	
fureru ふれる	
omoidasu おもいだす	
kēken suru けいけんする	
sōzō suru そうぞうする	

何を考えていますか？

Woran denken Sie ?

ヴォーラン デンケン ズィー

nani o kangaete imasu ka ?

それについてどう思いますか？

Was meinen Sie dazu ?

ヴァス マイネン ズィー ダツー

sore ni tsuite dō omoi masu ka ?

私の声が聞こえますか？

Hören Sie mich ?

ヘーレン ズィー ミヒ

watashi no koe ga kikoe masu ka ?

私は母のことを思い出している。

Ich erinnere mich an meine Mutter.

イヒ エアインネレ ミヒ アン マイネ ムッター

watashi wa haha no koto o omoidashite iru.

感情　Gefühl

日本語	ドイツ語	カナ読み
□ 好む	mögen	メーゲン
□ 嫌う	hassen	ハッセン
□ 悲しい	traurig	トラオリヒ
□ 寂しい	einsam	アインザーム
□ がっかりした	enttäuscht	エントトイシュト
□ うれしい	froh	フロー
□ 幸せな	glücklich	グリュックリヒ
□ 不幸せな	unglücklich	ウングリュックリヒ
□ 満足な	zufrieden	ツーフリーデン
□ 不満足な	unzufrieden	ウンツーフリーデン
□ 驚いた	überrascht	ユバーラッシュト
□ 落ち着いた	ruhig	ルーイヒ
□ 怒る	sich^4 ärgern	ズィッヒ エルガルン
□ 忙しい	beschäftigt	ベシェフティヒト
□ 興味がある	sich^4 interessieren	ズィッヒ インテレスィーレン
□ 喜ぶ	sich^4 freuen	ズィッヒ フロイエン
□ 泣く	weinen	ヴァイネン
□ 笑う	lachen	ラッヘン
□ 希望する	wünschen	ヴュンシェン
□ 期待する	erwarten	エアヴァルテン

第3章　身体と心

Körper und Herz

Japanisch（ドイツ人用）

konomu	このむ
kirau	きらう
kanashī	かなしい
sabishī	さびしい
gakkari shita	がっかりした
ureshī	うれしい
shiawase na	しあわせな
fushiawase na	ふしあわせな
manzoku na	まんぞくな
fumanzoku na	ふまんぞくな
odoroita	おどろいた
ochitsuita	おちついた
okoru	おこる
isogashī	いそがしい
kyōmi ga aru	きょうみがある
yorokobu	よろこぶ
naku	なく
warau	わらう
kibō suru	きぼうする
kitai suru	きたいする

文章でも覚えよう！

はい、ブラームスが好きです。

Ja, ich mag Brahms.

ヤー イヒ **マー**ク ブラームス

hai, burāmusu ga suki desu.

私は驚いている。

Ich bin überrascht.

イヒ ビン ユバー**ラ**ッシュト

watashi wa odoroite iru.

私はとても忙しい。

Ich bin sehr beschäftigt.

イヒ ビン ゼーア ベ**シェ**フティクト

watashi wa totemo isogashī.

お目にかかれてうれしいです。

Ich freue mich, Sie zu sehen.

イヒ フロイエ ミヒ **ズィ**ー ツー ゼーエン

omeni kakarete ureshī desu.

生理現象 physiologische Erscheinung

日本語	ドイツ語	カナ読み
汗	男 der Schweiß	デア シュヴァイス
おしっこ	男 der Harn	デア ハルン
うんち	男 der Kot	デア コート
おなら	男 der Furz	デア フアツ
あくび	中 das Gähnen	ダス ゲーネン
眠たい	müde	ミューデ
いびき	中 das Schnarchen	ダス シュナルヒェン
目やに	男 der Augenschleim	デア アオゲン・シュライム
涙	女 die Träne	ディ トレーネ
つば	女 die Spucke	ディ シュプッケ
呼吸	男 der Atem	デア アーテム
せき	男 der Husten	デア フーステン
くしゃみ	中 das Niesen	ダス ニーゼン
鼻水	男 der Nasenschleim	デア ナーゼン・シュライム
しゃっくり	男 der Schluckauf	デア シュルックアオフ
げっぷ	男 der Rülps	デア リュルプス
ひげ［あごの］	男 der Bart	デア バート
夢	男 der Traum	デア トラオム
月経	女 die Menstruation	ディ メンストルアツィオーン
妊娠	女 die Schwangerschaft	ディ シュヴァンガーシャフト

第3章　身体と心

Körper und Herz

Japanisch（ドイツ人用）
ase あせ
oshikko おしっこ
unchi うんち
onara おなら
akubi あくび
nemutai ねむたい
ibiki いびき
meyani めやに
namida なみだ
tsuba つば
kokyū こきゅう
seki せき
kushami くしゃみ
hanamizu はなみず
shakkuri しゃっくり
geppu げっぷ
hige ひげ
yume ゆめ
gekkē げっけい
ninshin にんしん

文章でも覚えよう！

眠たくて仕方がありません。

Ich bin wahnsinnig müde.

イヒ ビン **ヴァーン**ズィニヒ **ミュー**デ

nemutakute shikata ga ari masen.

あなたの夢はなんですか？

Was ist Ihr Traum？

ヴァス イスト イア **ト**ラウム

anata no yume wa nan desu ka？

彼女の涙は美しい。

Ihre Träne ist schön.

イーレ **ト**レーネ イスト **シェー**ン

kanojo no namida wa utukushī.

私は妊娠しています。

Ich bin schwanger.

イヒ ビン シュ**ヴァ**ンガー

watashi wa ninshin shite imasu.

空港で im Flughafen

日本語	ドイツ語	カナ読み
空港	男 der Flughafen	デア フルーク・ハーフェン
航空会社	女 die Fluggesellschaft	ディ フルーク・ゲゼルシャフト
飛行機	中 das Flugzeug	ダス フルーク・ツォイク
航空券	中 das Flugticket	ダス フルーク・ティケット
搭乗券	女 die Bordkarte	ディ ボード・カルテ
エコノミークラス	女 die Economy-Class	ディ エコノミー・クラス
ビジネスクラス	女 die Business-Class	ディ ビジネス・クラス
ファーストクラス	女 die First Class	ディ ファースト・クラス
国際線	男 der Auslandsflug	デア アオスランズ・フルーク
国内線	男 der Inlandsflug	デア インランツ・フルーク
チェックインカウンター	男 der Check-in Schalter	デア チェック・イン シャルター
スーツケース	男 der Koffer	デア コッファー
手荷物	中 das Handgepäck	ダス ハント・ゲペック
搭乗ゲート	中 das Gate	ダス ゲート
税関	中 das Zollamt	ダス ツォル・アムト
税関申告書	女 die Zollangabe	ディ ツォル・アンガーベ
出国審査	女 die Passkontrolle	ディ パス・コントロレ
乗り継ぎ	男 der Transit	デア トランズィット
フライトアテンダント [男/女]	男 der Flugbegleiter / 女 die Flugbegleiterin	デア フルーク・ベグライター / ディ フルーク・ベグライテリン
免税店	男 der Duty-free-Shop	デア デューティー・フリー・ショップ

第 4 章　移動する

Bewegen

Japanisch (ドイツ人用)

Japanisch	
kūkō	くうこう
kōkū gaisha	こうくうがいしゃ
hikōki	ひこうき
kōkūken	こうくうけん
tōjōken	とうじょうけん
ekonomī kurasu	えこのみーくらす
bijinesu kurasu	びじねすくらす
fāsuto kurasu	ふぁーすとくらす
kokusaisen	こくさいせん
kokunaisen	こくないせん
chekkuin kauntā	ちぇっくいんかうんたー
sūtsukēsu	すーつけーす
tenimotsu	てにもつ
tōjō gēto	とうじょうげーと
zēkan	ぜいかん
zēkan shinkokusho	ぜいかんしんこくしょ
shukkoku shinsa	しゅっこくしんさ
noritsugi	のりつぎ
furaito atendanto	ふらいとあてんだんと
menzēten	めんぜいてん

文章でも覚えよう！

私は空港に行く。

Ich fahre zum Flughafen.

イヒ ファーレ ツム フルーク・ハーフェン

watashi wa kūkō ni iku.

パリまで飛行機でどのくらい時間がかかりますか？

Wie lange dauert es bis Paris mit dem Flugzeug ?

ヴィー ランゲ ダオエルト エス ビス パリス ミット デム フルーク・ツォイク

pari made hikōki de donokurai jikan ga kakari masu ka ?

国内線のターミナルへ行ってください。

Gehen Sie bitte zum Terminal für Inlandsflüge.

ゲーエン ズィー ビッテ ツム テアミナール フューア インランツ・フリューグ

kokunaisen no tāminaru e itte kudasai.

ルフトハンザのチェックイン カウンターはどこですか？

Wo ist der Check-in Schalter von Lufthansa ?

ヴォー イスト デア チェック・イン シャルター フォン ルフトハンザ

rufutohanza no chekkuin kauntā wa doko desu ka ?

乗り物 Verkehrsmittel

日本語	ドイツ語	カナ読み
乗り物	⊕ das Fahrzeug	ダス ファー・ツォイク
自転車	⊕ das Fahrrad	ダス ファー・ラート
オートバイ	⊕ das Motorrad	ダス モートア・ラート
自動車	⊕ das Auto	ダス アオト
自家用車	男 der Privatwagen	デア プリヴァート・ヴァーゲン
キャンピングカー	男 der Wohnwagen	デア ヴォーン・ヴァーゲン
タクシー	⊕ das Taxi	ダス タクシー
トラック	男 der Lastwagen	デア ラスト・ヴァーゲン
バス	男 der Bus	デア ブス
ミニバス	男 der Minibus	デア ミニ・ブス
電車	男 der Zug	デア ツーク
近郊電車	女 die S-Bahn	ディ エス・バーン
ケーブルカー	女 die Seilbahn	ディ ザイル・バーン
ヘリコプター	男 der Hubschrauber	デア フープ・シュラオバー
船	⊕ das Schiff	ダス シッフ
ボート	⊕ das Boot	ダス ボート
フェリー	⊕ das Fähre	ダス フェーレ
タクシー乗り場	男 der Taxistand	デア タクシー・シュタント
バス停	女 die Bushaltestelle	ディ ブス・ハルテ・シュテレ
港	男 der Hafen	デア ハーフェン

移動する

第4章 移動する

Bewegen

Japanisch(ドイツ人用)

norimono
のりもの

jitensha
じてんしゃ

ōtobai
おーとばい

jidōsha
じどうしゃ

jikayōsha
じかようしゃ

kyampingukā
きゃんぴんぐかー

takushī
たくしー

torakku
とらっく

basu
ばす

minibasu
みにばす

densha
でんしゃ

kinkō densha
きんこうでんしゃ

kēburukā
けーぶるかー

herikoputā
へりこぷたー

fune
ふね

bōto
ぼーと

ferī
ふぇりー

takushī noriba
たくしーのりば

basutē
ばすてい

minato
みなと

文章でも覚えよう！

彼は自転車で通学している。

Er fährt mit dem Fahrrad zur Schule.

エア フェアト ミット デム **ファー・ラート** ツア シューレ

kare wa jitensha de tsūgaku shite iru.

私はタクシーを拾う。

Ich nehme ein Taxi.

イヒ ネーメ アイン **タ**クシー

watashi wa takushī o hirou.

5分後に電車が来る。

In 5 Minuten kommt der Zug.

イン **フュ**ンフ ミヌーテン **コム**ト デア **ツー**ク

go-fun go ni densha ga kuru.

ボートで対岸に行く。

Mit dem Boot fahre ich nach drüben.

ミット デム **ボー**ト ファーレ イヒ **ナー**ハ ド**リュー**ベン

bōto de taigan ni iku.

駅で am Bahnhof

日本語	ドイツ語	カナ読み
□ ドイツ鉄道	女 die Deutsche Bahn	ディ ドイチェ バーン
□ 駅 [鉄道の]	男 der Bahnhof	デア バーン・ホーフ
□ 車掌 [男/女]	男 der Schaffner 女 die Schaffnerin	デア シャフナー ディ シャフネリン
□ 時刻表	男 der Fahrplan	デア ファー・プラン
□ 出発する	ab|fahren	アップファーレン
□ 到着する	an|kommen	アンコメン
□ 乗車券販売所	男 der Fahrkartenschalter	デア ファー・カルテン・シャルター
□ 〜行きの切符	女 eine Fahrkarte nach	アイネ ファー・カルテ ナーハ〜
□ 片道切符	女 die einfache Fahrkarte	ディ アインファッヘ ファー・カルテ
□ 往復切符	女 die Rückfahrtkarte	ディ リュック・ファー・カルテ
□ コンパートメント	中 das Abteil	ダス アプタイル
□ 座席指定券	男 der Sitzplatz	デア ズィッツ・プラッツ
□ 1 (2) 等	erste(zweite) Klasse	エアステ (ツヴァイテ) クラッセ
□ 喫煙車	男 der Raucherwagen	デア ラオハー・ヴァーゲン
□ 普通列車	女 die Regionalbahn	ディ レギョナール・バーン
□ 急行列車	男 der Schnellzug	デア シュネル・ツーク
□ 特急列車	男 der Eurocity	デア オイロ・シティ
□ 食堂車	男 der Speisewagen	デア シュパイゼ・ヴァーゲン
□ プラットホーム	男 der Bahnsteig	デア バーン・シュタイク
□ 番線	中 das Gleis	ダス グライス

第4章 移動する

Bewegen

Japanisch (ドイツ人用)

doitsu tetsudō
どいつてつどう

eki
えき

shashō
しゃしょう

jikokuhyō
じこくひょう

shuppatsu suru
しゅっぱつする

tōchaku suru
とうちゃくする

jōshaken hambaijo
じょうしゃけんはんばいじょ

~ iki no kippu
～いきのきっぷ

katamichi kippu
かたみちきっぷ

ōfuku kippu
おうふくきっぷ

kompātomento
こんぱーとめんと

zaseki shitēken
ざせきしていけん

ittō(nitō)
いっとう（にとう）

kitsuensha
きつえんしゃ

futsū ressha
ふつうれっしゃ

kyūkō ressha
きゅうこうれっしゃ

tokkyū ressha
とっきゅうれっしゃ

shokudōsha
しょくどうしゃ

puratto hōmu
ぷらっとほーむ

bansen
ばんせん

文章でも覚えよう！

電車はいつ発車しますか？

Wann fährt der Zug ab ?

ヴァン フェアト デア ツーク アップ

densha wa itsu hassha shi masu ka ?

トリーア行きの切符1枚お願いします。

Eine Fahrkarte nach Trier, bitte.

アイネ **ファー**・カルテ ナーハ **ト**リーア ビッテ

torīa yuki no kippu ichi-mai onegai shi masu.

コンパートメントは6人がけだ。

Im Abteil gibt es sechs Plätze.

イム ア**プ**タイル ギブト エス **ゼ**ックス **プ**レッツェ

kompātomento wa roku-nin gake da.

特急列車はここに8時に到着する。

Der Eurocity kommt hier um 8 Uhr an.

デア オイロ・シティ **コ**ムト ヒーア ウム アハト ウーア **ア**ン

tokkyū ressha wa koko ni hachi-ji ni tōchaku suru.

Bewegen

地下鉄・路面電車・バス U-Bahn, Straßenbahn, Bus

日本語	ドイツ語	カナ読み
地下鉄	女 die U-Bahn	ディ ウー・バーン
駅［地下鉄の］	女 die Station	ディ シュタツィオーン
路面電車	女 die Straßenbahn	ディ シュトラーセン・バーン
路線バス	男 der Linienbus	デア リーニエン・ブス
次の停車駅、次の停留所	女 die nächste Haltestelle	ディ ネークステ ハルテ・シュテレ
車両	男 der Wagen	デア ヴァーゲン
座席	男 der Platz	デア プラッツ
運賃	男 der Fahrpreis	デア ファー・プライス
乗車券	女 die Fahrkarte	ディ ファー・カルテ
回数券	女 die Mehrfahrtenkarte	ディ メーア・ファルテン・カルテ
1日券	女 die Tageskarte	ディ ターゲス・カルテ
1週間定期券	女 die Wochenkarte	ディ ヴォッヘン・カルテ
定期券	女 die Monatskarte	ディ モーナーツ・カルテ
乗車口	男 der Eingang	デア アインガング
降車口	男 der Ausgang	デア アオスガング
乗車する	ein|steigen	アインシュタイゲン
降車する	aus|steigen	アオスシュタイゲン
乗り換える	um|steigen	ウムシュタイゲン
遅れ	女 die Verspätung	ディ フェアシュペートゥング
乗客	男 der Fahrgast	デア ファー・ガスト

移動する

第 4 章　移動する

Bewegen

Japanisch（ドイツ人用）
chikatetsu ちかてつ
eki えき
romen densha ろめんでんしゃ
rosen basu ろせんばす
tsugi no tēshaeki / tsugi no tēryūjo つぎのていしゃえき / つぎのていりゅうじょ
sharyō しゃりょう
zaseki ざせき
unchin うんちん
jōshaken じょうしゃけん
kaisūken かいすうけん
ichinichiken いちにちけん
isshūkan tēkiken いっしゅうかんていきけん
tēkiken ていきけん
jōshaguchi じょうしゃぐち
kōshaguchi こうしゃぐち
jōsha suru じょうしゃする
kōsha suru こうしゃする
norikaeru のりかえる
okure おくれ
jōkyaku じょうきゃく

文章でも覚えよう！

この地下鉄は動物園まで行きますか？

Fährt diese U-Bahn zum Zoo ?

フェアト ディーゼ ウー・バーン ツム ツォー

kono chikatetsu wa dōbutsuen made iki masu ka ?

この席は空いていますか？

Ist der Platz hier frei ?

イスト デア プラッツ ヒーア フライ

kono seki wa aite imasu ka ?

ボンまで乗車券1枚いくらですか？

Was kostet eine Fahrkarte bis nach Bonn ?

ヴァス コステット アイネ ファー・カルテ ビス ナーハ ボン

bon made jōshaken ichi-mai ikura desu ka ?

私は次の停留所で降ります。

Ich steige an der nächsten Haltestelle aus.

イヒ シュタイゲ アン デア ネークステン ハルテ・シュテレ アオス

watashi wa tsugi no tēryūjo de ori masu.

交通規則 Verkehrsregeln

日本語	ドイツ語	カナ読み
交通	男 der Verkehr	デア フェア**ケー**ア
交通規則	複 die Verkehrsregeln	ディ フェア**ケー**アス・レーゲルン
交通違反	中 das Verkehrsdelikt	ダス フェア**ケー**アス・デリクト
道路標識	中 das Verkehrszeichen	ダス フェア**ケー**アス・ツァイヒェン
車検	男 der TÜV	デア **テュ**フ
自動車登録証	男 der Fahrzeugschein	デア **ファー**ルツォイク・シャイン
ナンバープレート	中 das Nummernschild	ダス **ヌ**マー・シルト
新車	男 der Neuwagen	デア **ノイ**・ヴァーゲン
中古車	男 der Gebrauchtwagen	デア ゲブ**ラ**オホト・ヴァーゲン
走行車線	女 die Fahrspur	ディ **ファー**・シュプーア
中央分離帯	男 der Mittelstreifen	デア **ミッ**テル・シュトライフェン
一方通行	女 die Einbahnstraße	ディ **ア**インバーン・シュトラーセ
アウトバーン	女 die Autobahn	ディ **ア**オトバーン
インターチェンジ	中 das Autobahnkreuz	ダス **ア**オトバーン・クロイツ
進入禁止	女 die Keine Einfahrt	ディ カイネ **ア**インファート
出口	女 die Ausfahrt	ディ **ア**オスファート
右側通行	男 der Rechtsverkehr	デア **レ**ヒツ・フェアケーア
追い越し車線	女 die Überholspur	ディ ユーバー**ホー**ル・シュプーア
速度	中 das Tempo	ダス **テ**ンポ
シートベルト	男 der Sicherheitsgurt	デア **ズィ**ッヒァーハイツ・グルト

第4章 移動する

Bewegen

Japanisch(ドイツ人用)

kōtsū
こうつう

kōtsū kisoku
こうつうきそく

kōtsū ihan
こうつういはん

dōro hyōshiki
どうろひょうしき

shaken
しゃけん

jidōsha tōrokushō
じどうしゃとうろくしょう

nambā purēto
なんばーぷれーと

shinsha
しんしゃ

chūkosha
ちゅうこしゃ

sōkō shasen
そうこうしゃせん

chūō bunritai
ちゅうおうぶんりたい

ippō tsūkō
いっぽうつうこう

autobān
あうとばーん

intāchenji
いんたーちぇんじ

shin'nyū kinshi
しんにゅうきんし

deguchi
でぐち

migigawa tsūkō
みぎがわつうこう

oikoshi shasen
おいこししゃせん

sokudo
そくど

shīto beruto
しーとべると

文章でも覚えよう！

これはアウディの新車だ。

Das ist ein Neuwagen von AUDI.

ダス イスト アイン **ノイ**・ヴァーゲン フォン **ア**オディ

kore wa audī no shinsha da.

私はアウトバーンを走る。

Ich fahre auf der Autobahn.

イヒ ファーレ アオフ デア **ア**オトバーン

watashi wa autobān o hashiru.

私は速いスピードで走る。

Ich fahre mit hohem Tempo.

イヒ ファーレ ミット **ホー**エム テンポ

watashi wa hayai supīdo de hashiru.

シートベルトを締めてください。

Bitte legen Sie den Sicherheitsgurt an.

ビッテ **レー**ゲン ズィー デン **ズ**ィッヒァーハイツ・グルト **ア**ン

shīto beruto o shimete kudasai.

Bewegen

自動車の運転 Autofahren

日本語	ドイツ語	カナ読み
運転免許証	男 der Führerschein	デア フューラー・シャイン
レンタカー	男 der Mietwagen	デア ミート・ヴァーゲン
運転手 [男/女]	男 der Fahrer 女 die Fahrerin	デア ファーラー ディ ファーレリン
運転する	fahren	ファーレン
駐車する	parken	パーケン
ブレーキをかける	bremsen	ブレムゼン
アクセルを踏む	Gas geben	ガース ゲーベン
クラクションをならす	hupen	フープン
故障	女 die Panne	ディ パンネ
パンク	女 die Reifenpanne	ディ ライフェン・パンネ
自動車修理工場	女 die Autowerkstatt	ディ アオト・ヴェルク・シュタット
駐車場	男 der Parkplatz	デア パルク・プラッツ
ガソリンスタンド	女 die Tankstelle	ディ タンク・シュテレ
ガソリン	中 das Benzin	ダス ベンツィーン
満タンにする	voll|tanken	フォルタンケン
クラッチ	女 die Kupplung	ディ クップルンク
ギア	男 der Gang	デア ガング
ブレーキ	女 die Bremse	ディ ブレムゼ
ハンドル	中 das Lenkrad	ダス レンクラート
タイヤ	男 der Reifen	デア ライフェン

第4章 移動する

Bewegen

Japanisch(ドイツ人用)

unten menkyoshō
うんてんめんきょしょう

rentakā
れんたかー

untenshu
うんてんしゅ

unten suru
うんてんする

chūsha suru
ちゅうしゃする

burēki o kakeru
ぶれーきをかける

akuseru o fumu
あくせるをふむ

kurakushon o narasu
くらくしょんをならす

koshō
こしょう

panku
ぱんく

jidōsha shūri kōjō
じどうしゃしゅうりこうじょう

chūshajo
ちゅうしゃじょう

gasorin sutando
がそりんすたんど

gasorin
がそりん

mantan ni suru
まんたんにする

kuracchi
くらっち

gia
ぎあ

burēki
ぶれーき

handoru
はんどる

taiya
たいや

文章でも覚えよう！

私は自動車を運転する。

Ich fahre ein Auto.

イヒ ファーレ アイン **ア**オト

watashi wa jidōsha o unten suru.

私はアクセルを踏む。

Ich gebe Gas.

イヒ **ゲー**ベ **ガー**ス

watashi wa akuseru o fumu.

駐車場は満車状態だ。

Der Parkplatz ist voll.

デア **パ**ルク・プラッツ イスト **フォ**ル

chūshajō wa mansha jōtai da.

ブレーキが故障している。

Die Bremse ist kaputt.

ディ ブレムゼ イスト カ**プ**ット

burēki ga koshō shite iru.

Bewegen

道をたずねる nach dem Weg fragen

日本語	ドイツ語	カナ読み
□ 通り	女 die Straße	ディ シュトラーセ
□ 交差点	女 die Kreuzung	ディ クロイツング
□ 広場	男 der Platz	デア プラッツ
□ 橋	女 die Brücke	ディ ブリュッケ
□ 中心街	女 die Innenstadt	ディ イネン・シュタット
□ 旧市街	女 die Altstadt	ディ アルト・シュタット
□ 公衆トイレ	女 die öffentliche Toilette	ディ エッフェントリッヘ トアレッテ
□ 電話ボックス	女 die Telefonzelle	ディ テレフォーン・ツェレ
□ 市場	男 der Markt	デア マルクト
□ 見本市会場	中 das Messegelände	ダス メッセ・ゲレンデ
□ まっすぐ	geradeaus	ゲラーデ・アオス
□ 徒歩で	zu Fuß	ツー フース
□ 角	女 die Ecke	ディ エッケ
□ 右（左）に曲がる	rechts(links) ab|biegen	レヒツ（リンクス）アップビーゲン
□ ～を超えて	über~	ユーバー～
□ ～のそばに	bei~	バイ～
□ ～の向かいに	gegenüber~	ゲーゲンユーバー～
□ ～の後ろに	hinter~	ヒンター～
□ ～の前に	vor~	フォア～
□ ～の隣に	neben~	ネーベン～

移動する

第4章　移動する

Bewegen

Japanisch（ドイツ人用）

tōri
とおり

kōsaten
こうさてん

hiroba
ひろば

hashi
はし

chūshingai
ちゅうしんがい

kyūshigai
きゅうしがい

kōshū toire
こうしゅうといれ

denwa bokkusu
でんわぼっくす

ichiba
いちば

mihon'ichi kaijō
みほんいちかいじょう

massugu
まっすぐ

toho de
とほで

kado
かど

migi(hidari) ni magaru
みぎ（ひだり）にまがる

~ o koete
～をこえて

~ no soba ni
～のそばに

~ no mukai ni
～のむかいに

~ no ushiro ni
～のうしろに

~ no mae ni
～のまえに

~ no tonari ni
～のとなりに

文章でも覚えよう！

市場はどこですか？

Wo ist der Markt ?

ヴォー イスト デア **マ**ルクト

ichiba wa doko desu ka ?

まっすぐ50メートル行ってください。

Gehen Sie 50 m geradeaus.

ゲーエン ズィー **フ**ンフツィヒ メーター ゲ**ラ**ーデ・アオス

massugu gojū-mētoru itte kudasai.

広場で蚤の市が開かれている。

Auf dem Platz findet ein Flohmarkt statt.

アオフ デム **プ**ラッツ フィンデット アイン フ**ロ**ー・マルクト シュ**タ**ット

hiroba de nomi no ichi ga hirakarete iru.

私は中心街で買い物をする。

In der Innenstadt kaufe ich ein.

イン デア **イ**ネン・シュタット カオフェ イヒ **ア**イン

watashi wa chūshingai de kaimono o suru.

ホテルに泊まる① Hotelübernachtung ①

日本語	ドイツ語	カナ読み
☐ ホテル	⊕ das Hotel	ダス ホ**テ**ル
☐ 民宿	⊛ die Pension	ディ ペンズィ**オ**ーン
☐ 宿泊する	übernachten	ユバ**ナ**ハテン
☐ フロント	⊛ die Rezeption	ディ レツェプツィ**オ**ーン
☐ ロビー	⊕ das Foyer	ダス フォイエ**ー**
☐ ルームナンバー	⊛ die Zimmernummer	ディ **ツィ**マー・ヌマー
☐ 室料	⊛ der Zimmerpreis	デア **ツィ**マー・プライス
☐ 鍵	⊛ der Schlüssel	デア シュ**リュ**ッセル
☐ ～は含まれている	~ist inbegriffen	イスト **イン**ベグリッフェン
☐ 精算	⊛ die Abrechnung	ディ **ア**ップレヒヌング
☐ チェックインする	ein|checken	**ア**インチェッケン
☐ チェックアウトする	aus|checken	**ア**オスチェッケン
☐ 2食付宿泊	⊛ die Halbpension	ディ **ハ**ルプ・ペンズィオーン
☐ 3食付宿泊	⊛ die Vollpension	ディ **フォ**ル・ペンズィオーン
☐ モーニングコール	⊛ der Weckruf	デア **ヴェ**ック・ルーフ
☐ ルームサービス	⊛ der Zimmerservice	デア **ツィ**ンマー・ゼルビス
☐ コインランドリー	⊛ der Waschsalon	デア **ヴァ**シュ・ザロン
☐ ベッドメイク	⊕ das Bett machen	ダス **ベ**ット マッヘン
☐ ポーター	⊛ der Gepäckträger	デア ゲ**ペ**ック・トレーガー
☐ コンシェルジュ［男/女］	⊛ der Concierge ⊛ die Concierge	デア コンシ**エァ**ジュ ディ コンシ**エァ**ジュ

泊まる・住む

第5章　泊まる・住む

Übernachten・Wohnen

Japanisch（ドイツ人用）

hoteru
ほてる

minshuku
みんしゅく

shukuhaku suru
しゅくはくする

furonto
ふろんと

robī
ろびー

rūmu nambā
るーむなんばー

shitsuryō
しつりょう

kagi
かぎ

~ wa fukumarete iru
～はふくまれている

sēsan
せいさん

chekku in suru
ちぇっくいんする

chekku auto suru
ちぇっくあうとする

nishokutsuki shukuhaku
にしょくつきしゅくはく

sanshokutsuki shukuhaku
さんしょくつきしゅくはく

mōningu kōru
もーにんぐこーる

rūmu sābisu
るーむさーびす

koin randorī
こいんらんどりー

beddo mēku
べっどめいく

pōtā
ぽーたー

konsheruju
こんしぇるじゅ

文章でも覚えよう！

私はホテルに宿泊する。

Ich übernachte im Hotel.

イヒ ユバナハテ イム ホテル

watashi wa hoteru ni shukuhaku suru.

朝食は込みですか？

Ist Frühstück inbegriffen？

イスト フリュー・シュトゥック インベグリッフェン

chōshoku wa komi desu ka？

私は明日チェックアウトします。

Morgen checke ich aus.

モルゲン チェッケ イヒ アオス

watashi wa asu chekku auto shi masu.

私はフロントに荷物をあずける。

Ich gebe mein Gepäck an der Rezeption ab.

イヒ ゲーベ マイン ゲペック アン デア レツェプツィオーン アップ

watashi wa furonto ni nimotsu o azukeru.

Übernachtung・Wohnen

ホテルに泊まる② Hotelübernachtung ②

日本語	ドイツ語	カナ読み
部屋	das Zimmer	ダス ツィマー
スイートルーム	die Suite	ディ スイート
シングルルーム	das Einzelzimmer	ダス アインツェル・ツィマー
ツインルーム	das Zweibettzimmer	ダス ツヴァイベット・ツィマー
ダブルルーム	das Doppelzimmer	ダス ドッペル・ツィマー
〜付き	mit 〜	ミット〜
〜なし	kein 〜	カイン〜
共同の	gemeinsam	ゲマインザーム
シャワー	die Dusche	ディ ドゥーシェ
バスタブ	die Badewanne	ディ バーデ・ヴァネ
エアコン	die Klimaanlage	ディ クリーマ・アンラーゲ
テレビ	der Fernseher	デア フェルンゼーア
ベッド	das Bett	ダス ベット
トイレ	die Toilette	ディ トアレッテ
喫煙	rauchen	ラオヘン
禁煙	rauchen verboten	ラオヘン フェアボーテン
セーフティーボックス	der Safe	デア セイフ
エレベーター	die Lift	ディ リフト
階段	die Treppe	ディ トレッペ
非常口	der Notausgang	デア ノート・アオスガング

泊まる・住む

第5章 泊まる・住む

Übernachten・Wohnen

Japanisch（ドイツ人用）

heya
へや

suīto rūmu
すいーとるーむ

shinguru rūmu
しんぐるるーむ

tsuin rūmu
ついんるーむ

daburu rūmu
だぶるるーむ

~ tsuki
～つき

~ nashi
～なし

kyōdō no
きょうどうの

shawā
しゃわー

basutabu
ばすたぶ

eakon
えあこん

terebi
てれび

beddo
べっど

toire
といれ

kituen
きつえん

kin'en
きんえん

sēfutī bokkusu
せーふてぃーぼっくす

erebētā
えれべーたー

kaidan
かいだん

hijōguchi
ひじょうぐち

文章でも覚えよう！

喫煙の部屋を希望します。

Ich möchte ein Raucherzimmer.

イヒ メヒテ アイン **ラ**オヘア・ツィマー

kitsuen no heya o kibō shi masu.

私は階段を上がっていく。

Ich steige die Treppe hinauf.

イヒ シュタイゲ ディ ト**レ**ッペ ヒナオフ

watashi wa kaidan o agatte iku.

エアコンを止めてください。

Machen Sie bitte die Klimaanlage aus.

マッヘン ズィー ビッテ ディ ク**リ**ーマ・アンラーゲ **ア**オス

eakon o tomete kudasai.

私はエレベーターで3階に行く。

Mit dem Lift fahre ich zum zweiten Geschoss.

ミット デム **リ**フト ファーレ イヒ ツム ツ**ヴァ**イテン ゲ**ショ**ス

watashi wa erebētā de san-kai ni iku.

Übernachtung・Wohnen

109

家・マンション Haus, Wohnung

日本語	ドイツ語	カナ読み
住居、マンション	囡 die Wohnung	ディ ヴォーヌング
家	中 das Haus	ダス ハオス
不動産屋	囡 die Immobilienfirma	ディ イモビーリエン・フィルマ
賃貸契約	男 der Mietvertrag	デア ミート・フェアトラーク
大家［男／女］	男 der Vermieter 囡 die Vermieterin	デア フェアミーター ディ フェアミーテリン
借家人［男／女］	男 der Mieter 囡 die Mieterin	デア ミーター ディ ミーテリン
家賃	囡 die Miete	ディ ミーテ
礼金	囡 die Kaution	ディ カオツィオーン
諸経費	複 die Nebenkosten	ディ ネーベン・コステン
一戸建て	中 das Einfamilienhaus	ダス アイン・ファミーリエン・ハウス
賃貸マンション	囡 die Mietwohnung	ディ ミート・ヴォーヌング
新築	男 der Neubau	デア ノイバオ
中古の	gebraucht	ゲブラオホト
家具付きの	möbliert	メブリールト
管理人［男／女］	男 der Hausmeister 囡 die Hausmeisterin	デア ハオス・マイスター ディ ハオス・マイステリン
引っ越す	um|ziehen	ウムツィーエン
入居する	ein|ziehen	アインツィーエン
電気	男 der Strom	デア シュトローム
ガス	中 das Gas	ダス ガース
水道	囡 die Wasserleitung	ディ ヴァッサー・ライトゥング

泊まる・住む

第5章　泊まる・住む

Übernachten・Wohnen

Japanisch (ドイツ人用)

jūkyo, manshon
じゅうきょ、まんしょん

ie
いえ

fudōsan'ya
ふどうさんや

chintai kēyaku
ちんたいけいやく

ōya
おおや

shakuyanin
しゃくやにん

yachin
やちん

rēkin
れいきん

shokēhi
しょけいひ

ikkodate
いっこだて

chintai manshon
ちんたいまんしょん

shinchiku
しんちく

chūko no
ちゅうこの

kagu tsuki no
かぐつきの

kanrinin
かんりにん

hikkosu
ひっこす

nyūkyo suru
にゅうきょする

denki
でんき

gasu
がす

suidō
すいどう

文章でも覚えよう！

家賃は月４００ユーロだ。

Die Miete beträgt 400 Euro im Monat.

ディ ミーテ ベトレークト フィーア フンデート オイロ イム モーナート

yachin wa tsuki yonhyaku-yūro da.

私は一軒家を借りている。

Ich miete ein Haus.

イヒ ミィーテ アイン ハオス

watashi wa ikkenya o karite iru.

このマンションは家具付きだ。

Diese Wohnung ist möbliert.

ディーゼ ヴォーヌング イスト メブリールト

kono manshon wa kagu tsuki da.

私のマンションは３部屋ある。

Meine Wohnung hat 3 Zimmer.

マイネ ヴォーヌング ハット ドライ ツィマー

watashi no manshon wa san-heya aru.

Übernachtung・Wohnen

住居のつくり Baustruktur

日本語	ドイツ語	カナ読み
玄関	男 der Hauseingang	デア ハオス・アインガング
門	中 das Tor	ダス トーア
塀	男 der Zaun	デア ツァオン
ドア	女 die Tür	ディ トュア
バルコニー	男 der Balkon	デア バルコン
ガレージ	女 die Garage	ディ ガラージュ
物置	男 der Abstellraum	デア アップシュテル・ラオム
屋根	中 das Dach	ダス ダハ
天井	女 die Decke	ディ デッケ
窓	中 das Fenster	ダス フェンスター
床	男 der Fußboden	デア フース・ボーデン
壁	女 die Wand	ディ ヴァント
廊下	男 der Korridor	デア コリドーア
居間	中 das Wohnzimmer	ダス ヴォーン・ツィマー
寝室	中 das Schlafzimmer	ダス シュラーフ・ツィマー
ダイニング	中 das Esszimmer	ダス エス・ツィマー
地下室	男 der Keller	デア ケラー
浴室	中 das Badezimmer	ダス バーデ・ツィマー
台所	女 die Küche	ディ キュッヒェ
セントラルヒーティング	女 die Zentralheizung	ディ ツェントラール・ハイツング

泊まる・住む

第5章 泊まる・住む

Übernachten・Wohnen

Japanisch（ドイツ人用）
genkan げんかん
mon もん
hē へい
doa どあ
barukonī ばるこにー
garēji がれーじ
mono oki ものおき
yane やね
tenjō てんじょう
mado まど
yuka ゆか
kabe かべ
rōka ろうか
ima いま
shinshitsu しんしつ
dainingu だいにんぐ
chikashitu ちかしつ
yokushitsu よくしつ
daidokoro だいどころ
sentoraru hītingu せんとらるひーてぃんぐ

文章でも覚えよう！

ドアを開けてください。

Machen Sie bitte die Tür auf.

マッヘン ズィー ビッテ ディ **トュア アオフ**

doa o akete kudasai.

窓を閉めてください。

Bitte schließen Sie das Fenster.

ビッテ シュリーセン ズィー ダス **フェンスター**

mado o shimete kudasai.

私は居間でテレビを見ている。

Ich sehe im Wohnzimmer fern.

イヒ ゼーエ イム **ヴォーン・ツィマー フェルン**

watashi wa ima de terebi o mite iru.

私は台所で料理をしている。

In der Küche koche ich.

イン デア **キュッヒェ** コッヘ イヒ

watashi wa daidokoro de ryōri o shite iru.

Übernachtung・Wohnen

インテリア Innenarchitektur

日本語	ドイツ語	カナ読み
家具	⊕ das Möbel	ダス メーベル
テーブル	男 der Tisch	デア ティッシュ
椅子	男 der Stuhl	デア シュトゥール
ソファー	⊕ das Sofa	ダス ゾーファ
クッション	⊕ das Kissen	ダス キッセン
カーテン	男 der Vorhang	デア フォアハング
カーペット	男 der Teppich	デア テピヒ
ブラインド	女 die Jalousie	ディ ジャルズィー
シーツ	⊕ das Betttuch	ダス ベット・トゥーフ
枕	⊕ das Kopfkissen	ダス コプフ・キッセン
毛布	女 die Wolldecke	ディ ヴォル・デッケ
掛け布団	女 die Schlafdecke	ディ シュラーフ・デッケ
マットレス	女 die Matratze	ディ マトラッツェ
鏡	男 der Spiegel	デア シュピーゲル
照明	女 die Beleuchtung	ディ ベロイヒトゥング
洋服ダンス	男 der Kleiderschrank	デア クライダー・シュランク
ドレッサー	男 der Frisiertisch	デア フリズィーア・ティッシュ
本棚	⊕ das Bücherregal	ダス ビューヒャー・レガール
花瓶	女 die Blumenvase	ディ ブルーメン・ヴァーゼ
暖房	女 die Heizung	ディ ハイツング

第5章　泊まる・住む

Übernachten・Wohnen

Japanisch（ドイツ人用）

kagu
かぐ

tēburu
てーぶる

isu
いす

sofā
そふぁー

kusshon
くっしょん

kāten
かーてん

kāpetto
かーぺっと

buraindo
ぶらいんど

shītsu
しーつ

makura
まくら

mōfu
もうふ

kake buton
かけぶとん

mattoresu
まっとれす

kagami
かがみ

shōmē
しょうめい

yōfuku dansu
ようふくだんす

doressā
どれっさー

hondana
ほんだな

kabin
かびん

dambō
だんぼう

文章でも覚えよう！

この家具はとてもモダンだ。

Diese Möbel sind sehr modern.

ディーゼ メーベル ズィント ゼーア モデルン

kono kagu wa totemo modan da.

ブラインドを下ろしてください。

Lassen Sie bitte die Jalousie herunter.

ラッセン ズィー ビッテ ディ ジャルーズィー ヘルンター

buraindo o oroshite kudasai.

ソファーに座ってよいですか？

Darf ich mich auf das Sofa setzen？

ダルフ イヒ ミヒ アオフ ダス ゾーファ ゼッツェン

sofā ni suwatte yoi desu ka？

暖房のスイッチをいれてください。

Bitte schalten Sie die Heizung ein.

ビッテ シャルテン ズィー ディ ハイツング アイン

dambō no suicchi o irete kudasai.

Übernachtung・Wohnen

レストランで im Restaurant

日本語	ドイツ語	カナ読み
レストラン	⊕ das Restaurant	ダス レスト**ロー**
食堂	⊛ die Gaststätte	ディ **ガスト**・シュテッテ
ビアホール	⊕ das Bierlokal	ダス **ビーア**・ロカール
ビアガーデン	⑨ der Biergarten	デア **ビーヤ**・ガルテン
カフェ	⊕ das Café	ダス カ**フェー**
ファーストフード店	⑨ der Schnellimbiss	デア シュ**ネル**・インビス
予約する	reservieren	レザ**ヴィー**レン
メニュー	⊛ die Speisekarte	ディ シュ**パイ**ゼ・カルテ
ドイツ料理	⊛ die deutsche Küche	ディ **ドイチェ キュッ**ヘ
肉料理	⊕ das Fleischgericht	ダス フ**ライ**シュ・ゲリヒト
魚料理	⊕ das Fischgericht	ダス **フィッ**シュ・ゲリヒト
名物料理	⊛ die Spezialität	ディ シュペツィアリ**テート**
お勧めする	empfehlen	エンプ**フェー**レン
注文する	bestellen	ベシュ**テ**レン
〜人前	⊛ die Portion	ディ ポルツィ**オー**ン
レシート	⊛ die Rechnung	ディ **レ**ヒヌング
チップ	⊕ das Trinkgeld	ダス ト**リンク**・ゲルト
ウェイター / ウェイトレス	⑨ der Kellner ⊛ die Kellnerin	デア **ケ**ルナー ディ **ケ**ルナリン
支払う	zahlen	**ツァー**レン
持って帰る	mit|nehmen	**ミッ**トネーメン

第6章　食べる

Essen

Japanisch (ドイツ人用)

resutoran
れすとらん

shokudō
しょくどう

biahōru
びあほーる

biagāden
びあがーでん

kafe
かふぇ

fāsutofūdoten
ふぁーすとふーどてん

yoyaku suru
よやくする

menyū
めにゅー

doitsuryōri
どいつりょうり

nikuryōri
にくりょうり

sakanaryōri
さかなりょうり

mēbutsuryōri
めいぶつりょうり

osusume suru
おすすめする

chūmon suru
ちゅうもんする

~ nimmae
～にんまえ

reshīto
れしーと

chippu
ちっぷ

wētā / wētoresu
うぇいたー / うぇいとれす

shiharau
しはらう

mottekaeru
もってかえる

文章でも覚えよう！

3人の席を予約したいのですが。

Ich möchte einen Tisch für 3 Personen reservieren.

イヒ メヒテ アイネン **ティッシュ** フューア **ドライ** ベル **ゾ**ーネン レザ **ヴィ**ーレン

san-nin no seki o yoyaku shitai no desu ga.

土地の名物料理をお願いします。

Ich hätte gerne eine lokale Spezialität.

イヒ ヘテ ゲルネ アイネ ロ**カ**ーレ シュペツィアリ**テ**ート

tochi no mēbutsu ryōri o onegai shi masu.

テイクアウトをお願いします。

Zum Mitnehemen, bitte.

ツム **ミ**ット・**ネ**ーメン ビッテ

tēkuauto o onegai shimasu.

お勘定をお願いします。

Zahlen, bitte.

ツァーレン ビッテ

okanjō o onegai shimasu.

Essen

飲食 Essen und Trinken

日本語	ドイツ語	カナ読み
空腹である	Hunger haben	フンガー ハーベン
食欲	男 der Appetit	デア アペティート
食べる	essen	エッセン
飲む	trinken	トリンケン
おいしい	gut schmecken	グート シュメッケン
まずい	schlecht schmecken	シュレヒト シュメッケン
朝食	中 das Frühstück	ダス フリュー・シュテュック
昼食	中 das Mittagessen	ダス ミッターク・エッセン
夕食	中 das Abendessen	ダス アーベント・エッセン
おやつ	男 der Imbiss	デア インビス
飲み物	中 das Getränk	ダス ゲトレンク
スプーン	男 der Löffel	デア レッフェル
フォーク	女 die Gabel	ディ ガーベル
ナイフ	中 das Messer	ダス メッサー
カップ	女 die Tasse	ディ タッセ
皿	男 der Teller	デア テラー
グラス	中 das Glas	ダス グラース
ジョッキ	男 der Krug	デア クルーク
ナプキン	女 die Serviette	ディ ゼアヴィエッテ
はし	複 die Essstäbchen	ディ エス・シュテープヒェン

食べる

第6章 食べる

Essen

Japanisch（ドイツ人用）
kūfuku de aru くうふくである
shokuyoku しょくよく
taberu たべる
nomu のむ
oishī おいしい
mazui まずい
chōshoku ちょうしょく
chūshoku ちゅうしょく
yūshoku ゆうしょく
oyatsu おやつ
nomimono のみもの
supūn すぷーん
fōku ふぉーく
naifu ないふ
kappu かっぷ
sara さら
gurasu ぐらす
jokki じょっき
napukin なぷきん
hashi はし

文章でも覚えよう！

いただきます。（めしあがれ。）

Guten Appetit !

グーテン アペティート

itadaki masu. (meshiagare.)

これはおいしい。

Das schmeckt gut.

ダス シュメクト **グート**

kore wa oishī.

何を飲みますか？

Was möchten Sie trinken ?

ヴァス メヒテン ズィー トリンケン

nani o nomi masu ka ?

私はフォークとナイフで食べる。

Ich esse mit Gabel und Messer.

イヒ エッセ ミット **ガーベル** ウント **メッサー**

watashi wa fōku to naifu de taberu.

料理名 Name der Gerichte

日本語	ドイツ語	カナ読み
□ 酢漬けの巻きニシン	男 der Rollmops	デア ロルモプス
□ えんどう豆のスープ	女 die Erbsensuppe	ディ エルプセン・ズッペ
□ ハンガリー風シチュー	女 die Gulaschsuppe	ディ グーラッシュ・ズッペ
□ ポテトスープ	女 die Kartoffelsuppe	ディ カルトッフェル・ズッペ
□ ザワークラウト	中 das Sauerkraut	ダス ザオアー・クラウト
□ 冷製ハム類盛り合わせ	女 die Kalte Platte	ディ カルテ プラッテ
□ ジャーマンポテト	複 die Bratkartoffeln	ディ ブラート・カルトッフェルン
□ ポテトサラダ	男 der Kartoffelsalat	デア カルトッフェル・ザラート
□ ロールキャベツ	女 die Kohlroulade	ディ コールルラーデン
□ アスパラガス料理	中 das Spargelgericht	ダス シュパーゲル・ゲリヒト
□ カレイのフライ	女 die gebratene Scholle	ディ ゲブラーテネ ショレ
□ ローストポーク	男 der Schweinebraten	デア シュバイネ・ブラーテン
□ 仔牛肉のカツレツ	中 das Wiener Schnitzel	ダス ヴィーナー シュニッツェル
□ アイスバイン	中 das Eisbein	ダス アイス・バイン
□ シュペツレ	複 die Spätzle	ディ シュペツレ
□ 田舎風オムレツ	中 das Omelette Bauernart	ダス オムレット バオアンアート
□ サンドイッチ	中 das belegte Brot	ダス ベレークテ ブロート
□ 焼きソーセージ	女 die Bratwurst	ディ ブラートヴルスト
□ フライドポテト	複 die Pommes frites	ディ ポン フリート
□ オニオン入りケーキ	男 der Zwiebelkuchen	デア ツヴィーベル・クーヘン

食べる

第6章 食べる

Essen

Japanisch（ドイツ人用）

suzuke no makinishin
すづけのまきにしん

endōmame no sūpu
えんどうまめのすーぷ

hangarīfū shichū
はんがりーふうしちゅー

poteto sūpu
ぽてとすーぷ

zawākurauto
ざわーくらうと

rēsē hamurui moriawase
れいせいはむるいもりあわせ

jāman poteto
じゃーまんぽてと

poteto sarada
ぽてとさらだ

rōrukyabetsu
ろーるきゃべつ

asuparagasu ryōri
あすぱらがすりょうり

karē no furai
かれいのふらい

rōsuto pōku
ろーすとぽーく

koushiniku no katsuretsu
こうしにくのかつれつ

aisubain
あいすばいん

shupetsure
しゅぺつれ

inakafū omuretsu
いなかふうおむれつ

sandoicchi
さんどいっち

yaki sōsēji
やきそーせーじ

furaido poteto
ふらいどぽてと

onion iri kēki
おにおんいりけーき

文章でも覚えよう！

ハンガリー風シチューはたいてい辛い。

Gulaschsuppe ist meistens scharf.

グーラシュ・ズッペ イスト マイステンス **シャーフ**

hangarīfū shityū wa taitē karai.

アスパラガス料理は5月が旬だ。

Für Spargelgerichte ist im Mai Saison.

フューア シュ**パー**ゲル・ゲリヒテ イスト イム マイ ゼ**ゾ**ーン

asuparagasu ryōri wa go-gatsu ga shun da.

アイスバインが食べたいです。

Ich möchte Eisbein essen.

イヒ メヒテ **アイス・バイン** エッセン

aisubain ga tabe tai desu.

マスタード付きの焼きソーセージをお願いします。

Eine Bratwurst mit Senf, bitte.

アイネ ブ**ラ**ートヴルスト ミット **ゼ**ンフ ビッテ

masutādo tsuki no yaki sōsēji o onegai shi masu.

飲み物 Getränke

日本語	ドイツ語	カナ読み
お酒	男 der Alkohol	デア アルコホール
ビール	中 das Bier	ダス ビーア
淡色ビール	中 das Helles	ダス ヘレス
黒ビール	中 das dunkle Bier	ダス ドゥンクレ ビーア
ピルゼンビール	中 das Pils	ダス ピルス
生ビール	中 das Fassbier	ダス ファスビーア
ワイン	男 der Wein	デア ヴァイン
赤ワイン	男 der Rotwein	デア ロート・ヴァイン
白ワイン	男 der Weißwein	デア ヴァイス・ヴァイン
モーゼルワイン	男 der Moselwein	デア モーゼル・ヴァイン
スピリッツ	男 der Schnaps	デア シュナップス
ドイツ・シャンペン	男 der Sekt	デア ゼクト
コーヒー	男 der Kaffee	デア カフェー
紅茶	男 der Tee	デア テー
牛乳	女 die Milch	ディ ミルヒ
ココア	男 der Kakao	デア カカオ
ジュース	男 der Saft	デア ザフト
リンゴジュース	男 der Apfelsaft	デア アプフェル・ザフト
コーラ	女 die Cola	ディ コーラ
炭酸入りミネラルウォーター	中 das Mineralwasser mit Kohlensäure	ダス ミネラールヴァッサー ミット コーレンゾイレ

食べる

第6章 食べる

Essen

Japanisch（ドイツ人用）
osake おさけ
bīru びーる
tanshoku bīru たんしょくびーる
kuro bīru くろびーる
piruzen bīru ぴるぜんびーる
nama bīru なまびーる
wain わいん
aka wain あかわいん
shiro wain しろわいん
mōzeru wain もーぜるわいん
supirittsu すぴりっつ
doitsu shampen どいつ・しゃんぺん
kōhī こーひー
kōcha こうちゃ
gyūnyū ぎゅうにゅう
kokoa ここあ
jūsu じゅーす
ringo jūsu りんごじゅーす
kōra こーら
tansan iri mineraru wōtā たんさんいりみねらるうぉーたー

文章でも覚えよう！

生ビールをジョッキでお願いします。

Ein Fassbier im Krug, bitte.

アイン ファスビア イム クルーク ビッテ

nama bīru o jokki de onegai shi masu.

コーヒーを二人分お願いします。

Zwei Tassen Kaffee, bitte.

ツヴァイ タッセン カフェ ビッテ

kōhī o futari bun onegai shi masu.

ジュースを1杯お願いします。

Ein Glas Saft, bitte.

アイン グラース ザフト ビッテ

jūsu o ippai onegai shi masu.

お酒は飲めません。

Ich kann kein Alkohol trinkn.

イヒ カン カイン アルコホール トリンケン

osake wa nome masen.

Essen

パン・嗜好品 Brot, Genussmittel

日本語	ドイツ語	カナ読み
□ パン	⊕ das Brot	ダス ブロート
□ ブレートヘン	⊕ das Brötchen	ダス ブレートヘェン
□ 黒パン	⊕ das Schwarzbrot	ダス シュヴァルツ・ブロート
□ ライ麦パン	⊕ das Roggenbrot	ダス ロッゲン・ブロート
□ 全粒粉パン	⊕ das Vollkornbrot	ダス フォルコルン・ブロート
□ 小麦・ライ麦混合パン	⊕ das Mischbrot	ダス ミッシュ・ブロート
□ ブレーツェル	女 die Brezel	ディ ブレーツェル
□ ヨーグルト	男 der Jogurt	デア ヨーグルト
□ チーズ	男 der Käse	デア ケーゼ
□ バター	女 die Butter	ディ ブッター
□ カッテージチーズ	男 der Quark	デア クヴァルク
□ 生チーズ	男 der Frischkäse	デア フリッシュ・ケーゼ
□ ジャム	女 die Marmelade	ディ マメラーデ
□ ケーキ	男 der Kuchen	デア クーヘン
□ 渦巻き型アップルパイ	男 der Apfelstrudel	デア アプフェル・シュトゥルーデル
□ ザッハートルテ	女 die Sacher Torte	ディ ザッハ トルテ
□ チーズケーキ	男 der Käsekuchen	デア ケーゼ・クーヘン
□ バウムクーヘン	男 der Baumkuchen	デア バオム・クーヘン
□ プリン	男 der Pudding	デア プディング
□ アイスクリーム	⊕ das Eis	ダス アイス

第6章 食べる

Essen

Japanisch（ドイツ人用）

pan
ぱん

burētohen
ぶれーとへん

kuro pan
くろぱん

raimugi pan
らいむぎぱん

zenryūfun pan
ぜんりゅうふんぱん

komugi・raimugi kongō pan
こむぎ・らいむぎこんごうぱん

burētweru
ぶれーつぇる

yōguruto
よーぐると

chīzu
ちーず

batā
ばたー

kattēji chīzu
かってじちーず

nama chīzu
なまちーず

jamu
じゃむ

kēki
けーき

uzumaki gata appuru pai
うずまきがたあっぷるぱい

zahhātorute
ざっはーとるて

chīzu kēki
ちーずけーき

baumukūhen
ばうむくーへん

purin
ぷりん

aisukurīmu
あいすくりーむ

文章でも覚えよう！

毎朝焼きたてのブレートヘンを食べる。

Jeden Morgen esse ich frische Brötchen.

イェーデン モルゲン エッセ イヒ フリッシェ ブレートヘェン

maiasa yakitate no burētohen o taberu.

私はビールにブレーツェルを食べる。

Ich esse Brezeln zum Bier.

イヒ エッセ ブレーツェルン ツム ビーア

watashi wa bīru ni burētweru o taberu.

香草入りの生チーズはおいしい。

Frischkäse mit Kräutern schmeckt gut.

フリッシュ・ケーゼ ミット クロイターン シュメクト グート

kōsō iri no nama chīzu wa oishī.

バウムクーヘンは日本にもありますか？

Gibt es Baumkuchen auch in Japan ?

ギプト エス バオム・クーヘン アオホ イン ヤーパン

baumukūhen wa nihon nimo ari masu ka ?

味覚・調理 Geschmack, Zubereitung

日本語	ドイツ語	カナ読み
濃い［味が］	stark	シュタルク
苦い	bitter	ビッター
甘い	süß	ズュース
脂っこい	fettig	フェッティヒ
塩辛い	salzig	ザルツィヒ
辛い	scharf	シャーフ
すっぱい	sauer	ザオアー
生の	roh	ロー
料理する	kochen	コッヘン
網で焼く	grillen	グリレン
蒸す	dünsten	デュンステン
オーブンで焼く	backen	バッケン
いためる	braten	ブラーテン
混ぜる	mischen	ミッシェン
塩	女 die Salz	ディ ザルツ
砂糖	男 der Zucker	デア ツッカー
コショウ	男 der Pfeffer	デア プフェッファー
にんにく	男 der Knoblauch	デア クノブラオホ
酢	男 der Essig	デア エスィヒ
油	中 das Öl	ダス エール

第6章 食べる

Essen

Japanisch（ドイツ人用）

koi
こい

nigai
にがい

amai
あまい

aburakkoi
あぶらっこい

shiokarai
しおからい

karai
からい

suppai
すっぱい

nama no
なまの

ryōri suru
りょうりする

ami de yaku
あみでやく

musu
むす

ōbun de yaku
おーぶんでやく

itameru
いためる

mazeru
まぜる

shio
しお

sato
さとう

koshō
こしょう

nin'niku
にんにく

su
す

abura
あぶら

文章でも覚えよう！

このケーキは私には甘すぎる。

Dieser Kuchen ist mir zu süß.

ディーザー クーヘン イスト ミア ツー ズュース

kono kēki wa watashi niwa ama sugiru.

この魚は生で食べられますか？

Kann man diesen Fisch roh essen ?

カン マン ディーゼン フィッシュ ロー エッセン

kono sakana wa nama de taberare masu ka ?

パンを時々焼きますか？

Backen Sie manchmal Brot ?

バッケン ズィー マンヒマル ブロート

pan o tokidoki yaki masu ka ?

油と酢をよく混ぜてください。

Mischen Sie bitte Öl und Essig gut.

ミッシェン ズィー ビッテ エール ウント エスィヒ グート

abura to su o yoku mazete kudasai.

食材 Lebensmittel

日本語	ドイツ語	カナ読み
□ 肉	⊕ das Fleisch	ダス フライシュ
□ 牛肉	⊕ das Rindfleisch	ダス リント・フライシュ
□ 豚肉	⊕ das Schweinefleisch	ダス シュヴァイネ・フライシュ
□ 仔牛肉	⊕ das Kalbfleisch	ダス カルプ・フライシュ
□ 鶏肉	⊕ das Hühnerfleisch	ダス ヒューナー・フライシュ
□ 卵	⊕ das Ei	ダス アイ
□ ソーセージ	女 die Wurst	ディ ヴルスト
□ ハム	男 der Schinken	デア シンケン
□ シーフード	複 die Meeresfrüchte	ディ メーレス・フリュヒテ
□ 米	男 der Reis	デア ライス
□ 麺類	複 die Nudeln	ディ ヌーデルン
□ 野菜	⊕ das Gemüse	ダス ゲミューゼ
□ ジャガイモ	女 die Kartoffel	ディ カルトッフェル
□ ホウレンソウ	男 der Spinat	デア シュピナート
□ ピーマン	男 der Paprika	デア パープリカ
□ キャベツ	男 der Kohl	デア コール
□ 果物	⊕ das Obst	ダス オープスト
□ リンゴ	男 der Apfel	デア アプフェル
□ レモン	女 die Zitrone	ディ ツィトローネ
□ 洋ナシ	女 die Birne	ディ ビルネ

第６章　食べる

Essen

Japanisch（ドイツ人用）
niku にく
gyūniku ぎゅうにく
butaniku ぶたにく
koushiniku こうしにく
toriniku とりにく
tamago たまご
sōsēji そーせーじ
hamu はむ
shīfūdo しーふーど
kome こめ
menrui めんるい
yasai やさい
jagaimo じゃがいも
hōrensō ほうれんそう
pīman ぴーまん
kyabetsu きゃべつ
kudamono くだもの
ringo りんご
remon れもん
yōnashi ようなし

文章でも覚えよう！

ハムを２００ｇください。

200 Gramm Schinken, bitte.

ツヴァイ・フンダート グラム シンケン ビッテ

hamu o nihyaku-guramu kudasai.

このシーフードは北海産です。

Die Meeresfrüchte kommen aus der Nordsee.

ディ メーレス・フリュヒテ コメン アオス デア ノルドゼー

kono shīfūdo wa hokkaisan desu.

ジャガイモ１キログラムください。

Ein Kilo Kartoffeln, bitte.

アイン キロ カルトッフェルン ビッテ

jagaimo ichi-kiroguramu kudasai.

洋ナシを１口味見していいですか？

Darf ich ein Stück Birne probieren ?

ダルフ イヒ アイン シュテュック ビルネ プロビーレン

yōnashi o hito-kuchi ajimi shite ī desu ka ?

Essen

店の種類 Art der Läden

日本語	ドイツ語	カナ読み
□ スーパーマーケット	男 der Supermarkt	デア ズーパー・マルクト
□ デパート	中 das Kaufhaus	ダス カオフ・ハオス
□ 商店	中 das Geschäft	ダス ゲシェフト
□ 専門店	中 das Fachgeschäft	ダス ファッハ・ゲシェフト
□ 小売店	男 der Laden	デア ラーデン
□ キオスク	男 der Kiosk	デア キーオスク
□ パン屋	女 die Bäckerei	ディ ベッケライ
□ 菓子店	女 die Konditorei	ディ コンディトライ
□ 八百屋	男 der Gemüseladen	デア ゲミューゼ・ラーデン
□ 魚屋	男 der Fischladen	デア フィッシュ・ラーデン
□ 肉屋	男 der Fleischladen	デア フライッシュ・ラーデン
□ 果物屋	男 der Obstladen	デア オープスト・ラーデン
□ 花屋	中 das Blumengeschäft	ダス ブルーメン・ゲシェフト
□ 洋服店	中 das Kleidungsgeschäft	ダス クライドゥングス・ゲシェフト
□ 靴店	中 das Schuhgeschäft	ダス シュー・ゲシェフト
□ 眼鏡店	男 der Optiker	デア オプティカー
□ 電気店	中 das Elektrogeschäft	ダス エレクトロ・ゲシェフト
□ クリーニング屋	女 die Reinigung	ディ ライニグング
□ 洗濯屋	女 die Wäscherei	ディ ヴェッシェライ
□ 書店	女 die Buchhandlung	ディ ブーフ・ハントルング

ショッピング

第7章　ショッピング

Einkaufen

Japanisch (ドイツ人用)

sūpā māketto
すーぱーまーけっと

depāto
でぱーと

shōten
しょうてん

semmonten
せんもんてん

kouriten
こうりてん

kiosuku
きおすく

panya
ぱんや

kashiten
かしてん

yaoya
やおや

sakanaya
さかなや

nikuya
にくや

kudamonoya
くだものや

hanaya
はなや

yōfukuten
ようふくてん

kutsuten
くつてん

meganeten
めがねてん

denkiten
でんきてん

kurīninguya
くりーにんぐや

sentakuya
せんたくや

shoten
しょてん

文章でも覚えよう！

どこで家具を買いますか？　／　デパートです。

Wo kaufen Sie die Möbel ? / Im Kaufhaus.

ヴォー カオフェン ズィー ディ メーベル / イム **カ**オフ・ハオス

doko de kagu o kai masu ka ? / depāto desu.

キオスクで新聞を買う。

Am Kiosk kaufe ich eine Zeitung.

アム **キ**ーオスク カオフェ イヒ アイネ **ツァ**イトゥング

kiosuku de shimbun o kau.

八百屋でトマトを1キログラム買う。

Auf dem Gemüseladen kaufe ich 1 Kilo Tomaten.

アオフ デム ゲ**ミュ**ーゼ・ラーデン カオフェ イヒ アイン キロ ト**マ**ーテン

yaoya de tomato o ichi-kiroguramu kau.

私は靴店で1足靴を買う。

Im Schuhgeschäft kaufe ich ein Paar Schuhe.

イム **シュ**ー・ゲシェフト カオフェ イヒ アイン パー **シュ**ーエ

watashi wa kutsuten de issoku kutsu o kau.

Einkaufen

131

商店で in den Läden

日本語	ドイツ語	カナ読み
営業時間	女 die Öffnungszeit	ディ エッフヌングス・ツァイト
定休日	男 der Ruhetag	デア ルーエ・ターク
クレジットカード	女 die Kreditkarte	ディ クレディト・カルテ
現金	中 das Bargeld	ダス バー・ゲルト
支払う	bezahlen	ベツァーレン
買う	kaufen	カオフェン
バーゲンセール	男 der Ausverkauf	デア アオス・フェアカオフ
つり銭	中 das Wechselgeld	ダス ヴェクセル・ゲルト
値段	男 der Preis	デア プライス
値引き	女 die Preisermäßigung	ディ プライス・エアメースィグング
苦情	女 die Reklamation	ディ レクラマツィオーン
返品する	zurück|geben	ツリュックゲーベン
包装する	ein|packen	アインパッケン
領収書	女 die Quittung	ディ クヴィットゥング
レジ	女 die Kasse	ディ カッセ
デザイン	中 das Design	ダス デザイン
型	中 das Modell	ダス モデル
質	女 die Qualität	ディ クヴァリテート
ブランド物	男 der Markenartikel	デア マルケン・アティーケル
オリジナル	中 das Original	ダス オリギナール

ショッピング

第7章　ショッピング

Einkaufen

Japanisch（ドイツ人用）

ēgyō jikan
えいぎょうじかん

tēkyūbi
ていきゅうび

kurejitto kādo
くれじっとかーど

genkin
げんきん

shiharau
しはらう

kau
かう

bāgen sēru
ばーげんせーる

tsurisen
つりせん

nedan
ねだん

nebiki
ねびき

kujō
くじょう

hempin suru
へんぴんする

hōsō suru
ほうそうする

ryōshūsho
りょうしゅうしょ

reji
れじ

dezain
でざいん

kata
かた

shitsu
しつ

burando mono
ぶらんどもの

orijinaru
おりじなる

文章でも覚えよう！

当店の定休日は水曜日です。

Mittwochs haben wir Ruhetag.

ミットヴォッホス ハーベン ヴィア ルーエ・タ―ク

tōten no tēkyūbi wa sui yōbi desu.

クレジットカードで支払えますか？

Kann ich mit Kreditkarte bezahlen ?

カン イヒ ミット クレディト・カルテ ベツァーレン

kurejitto kādo de shiharae masu ka ?

別の型を見せてください。

Zeigen Sie mir bitte ein anderes Modell.

ツァイゲン ズィー ミア ビッテ アイン アンデレス モデル

betsu no kata o misete kudasai.

このカバンは品質が良い。

Diese Tasche ist von guter Qualität.

ディーゼ タッシェ イスト フォン グーター クヴァリテート

kono kaban wa hinshitsu ga yoi.

Einkaufen

品選び　Auswählen

日本語	ドイツ語	カナ読み
最新の	neuest	ノイエスト
流行の	modisch	モーディッシュ
流行おくれの	altmodisch	アルト・モーディッシュ
伝統的な	traditionell	トラディツィオネル
高価な	teuer	トイアー
安価な	billig	ビリッヒ
お買い得な	preiswert	プライス・ヴェアト
実用的な	praktisch	プラクティッシュ
ユニークな	einzigartig	アインツィヒアーティヒ
長持ちする	dauerhaft	ダオアハフト
地味な	schlicht	シュリヒト
おしゃれな	schick	シック
上品な	elegant	エレガント
ストライプの	gestreift	ゲシュトライフト
チェックの	kariert	カリーアト
花柄	⊕ das Blumenmuster	ダス ブルーメン・ムスタ
木綿	⊛ die Baumwolle	ディ バオム・ヴォレ
ウール	⊛ die Wolle	ディ ヴォレ
皮	⊕ das Leder	ダス レーダー
鉄	⊕ das Eisen	ダス アイゼン

第7章　ショッピング

Einkaufen

Japanisch(ドイツ人用)

saishin no	さいしんの
ryūkō no	りゅうこうの
ryūkō okure no	りゅうこうおくれの
dentōteki na	でんとうてきな
kōka na	こうかな
anka na	あんかな
okaidoku na	おかいどくな
jitsuyōteki na	じつようてきな
yunīku na	ゆにーくな
nagamochi suru	ながもちする
jimi na	じみな
oshare na	おしゃれな
jōhin na	じょうひんな
sutoraipu no	すとらいぷの
chekku no	ちぇっくの
hanagara	はながら
momen	もめん
ūru	うーる
kawa	かわ
tetsu	てつ

文章でも覚えよう！

最新(さいしん)モデルのテレビはありますか？

Haben Sie den neuesten Modell des Fernsehers ?

ハーベン ズィー デーン ノイエステン モデル デス フェアンゼーアース

saishin moderu no terebi wa ari masu ka ?

皮製(かわせい)のカバンがほしいのですが。

Ich möchte eine Ledertasche.

イヒ メヒテ アイネ レーダー・タッシェ

kawasē no kaban ga hoshī no desu ga.

そのウールのコートはとても軽(かる)い。

Der Wollmantel ist sehr leicht.

デア ヴォル・マンテル イスト ゼア ライヒト

sono ūru no kōto wa totemo karui.

この指輪(ゆびわ)はお買(か)い得(どく)だ。

Dieser Ring ist preiswert.

ディーザー リンク イスト プライス・ヴェアト

kono yubiwa wa okaidoku da.

Einkaufen

衣類 Kleider

日本語	ドイツ語	カナ読み
サイズ	女 die Größe	ディ グレーセ
試着する	an|probieren	アンプロビーレン
婦人服	女 die Damenkleidung	ディ ダーメン・クライドゥング
紳士服	女 die Herrenkleidung	ディ ヘレン・クライドゥング
ワイシャツ	中 das Hemd	ダス ヘムト
ブラウス	女 die Bluse	ディ ブルーゼ
Tシャツ	中 das T-Shirt	ダス ティーシャト
スーツ ［男物／女物］	男 der Anzug 中 das Kostüm	デア アンツーク ダス コステューム
ジャケット	女 die Jacke	ディ ヤッケ
ワンピース	中 das Kleid	ダス クライト
イブニングドレス	中 das Abendkleid	ダス アーベント・クライト
パンツ	女 die Hose	ディ ホーゼ
スカート	男 der Rock	デア ロック
セーター	男 der Pullover	デア プローヴァ
カーディガン	女 die Strickjacke	ディ シュトリック・ヤッケ
コート	男 der Mantel	デア マンテル
下着	女 die Unterwäsche	ディ ウンター・ヴェッシェ
パンティーストッキング	女 die Strumpfhose	ディ シュトルンプフ・ホーゼ
ソックス	女 die Socke	ディ ゾッケ
靴	女 die Schuhe	ディ シューエ

ショッピング

第7章 ショッピング

Einkaufen

Japanisch（ドイツ人用）
saizu さいず
shichaku suru しちゃくする
fujinfuku ふじんふく
shinshifuku しんしふく
wai shatsu わいしゃつ
burausu ぶらうす
tī shatsu てぃーしゃつ
sūtsu すーつ
jaketto じゃけっと
wampīsu わんぴーす
ibuningu doresu いぶにんぐどれす
pantsu ぱんつ
sukāto すかーと
sētā せーたー
kādigan かーでぃがん
kōto こーと
shitagi したぎ
pantī sutokkingu ぱんてぃーすとっきんぐ
sokkusu そっくす
kutsu くつ

文章でも覚えよう！

婦人服売り場はどこですか？

Wo ist der Verkaufsstand für Damenkleidung ?

ヴォ イスト デア フェアカウフス・スシュタント フューア ダーメン・クライドゥング

fujinfuku uriba wa doko desu ka ?

これを試着できますか？

Kann ich das anprobieren ?

カン イヒ ダス アン・プロビーレン

kore o shichaku deki masu ka ?

そのワンピースはあなたに似合っている。

Das Kleid steht Ihnen gut.

ダス クライト シュテート イーネン グート

sono wampīsu wa anata ni niatte iru.

サイズ４０はぴったりだ。

Größe 40 passt gut.

グレーセ フィアツィヒ パスト グート

saizu yonjū wa pittari da.

アクセサリー・小物 Accessoire, Kleinigkeiten

日本語	ドイツ語	カナ読み
腕時計	女 die Armbanduhr	ディ **アル**ムバンド・ウーア
指輪	男 der Ring	デア **リ**ング
イヤリング	男 der Ohrring	デア **オー**ア・リング
ピアス	男 der Ohrstecker	デア **オー**ア・シュテッカー
ブレスレット	中 das Armband	ダス **アル**ム・バンド
ネックレス	女 die Halskette	ディ **ハ**ルス・ケッテ
帽子	男 der Hut	デア **フー**ト
雨傘	男 der Regenschirm	デア **レー**ゲン・シルム
ネクタイ	女 die Krawatte	ディ クラ**ヴァ**ッテ
マフラー	男 der Schal	デア **シャー**ル
手袋	複 die Handschuhe	ディ **ハ**ント・シューエ
ベルト	男 der Gürtel	デア **ギュ**ルテル
リュックサック	男 der Rucksack	デア **ル**ック・ザック
ショルダーバック	女 die Schultertasche	ディ **シュ**ルター・タッシェ
ハンドバック	女 die Handtasche	ディ **ハ**ント・タッシェ
財布	男 der Geldbeutel	デア **ゲ**ルト・ボイテル
札入れ	女 die Brieftasche	ディ **ブ**リーフ・タッシェ
ハンカチ	中 das Handtuch	ダス **ハ**ント・トゥーフ
メガネ	女 die Brille	ディ ブ**リ**レ
サングラス	女 die Sonnenbrille	ディ **ゾ**ネン・ブリレ

第7章　ショッピング

Einkaufen

Japanisch（ドイツ人用）

udedokē
うでどけい

yubiwa
ゆびわ

iyaringu
いやりんぐ

piasu
ぴあす

buresuretto
ぶれすれっと

nekkuresu
ねっくれす

bōshi
ぼうし

amagasa
あまがさ

nekutai
ねくたい

mafurā
まふらー

tebukuro
てぶくろ

beruto
べると

ryukkusakku
りゅっくさっく

shorudā bakku
しょるだーばっく

hando bakku
はんどばっく

saifu
さいふ

satsuire
さついれ

hankachi
はんかち

megane
めがね

sangurasu
さんぐらす

文章でも覚えよう！

その指輪を見せてください。

Zeigen Sie mir bitte den Ring.

ツァイゲン ズィー ミア ビッテ デン **リング**

sono yubiwa o misete kudasai.

この帽子が気に入っている。

Dieser Hut gefällt mir.

ディーザー **フート** ゲフェルト ミア

kono bōshi ga ki ni itte iru.

今日は雨傘が必要だ。

Heute braucht man einen Regenschirm.

ホイテ ブラオホト マン アイネン **レーゲン・シルム**

kyō wa amagasa ga hitsuyō da.

私はメガネをかけている。

Ich trage eine Brille.

イヒ ト**ラー**ゲ アイネ ブ**リ**レ

watashi wa megane o kakete iru.

Einkaufen

観光 Reise

日本語	ドイツ語	カナ読み
名所	女 die Sehenswürdigkeiten	ディ ゼーエンス・ヴュルディッヒ・カイテン
景色	女 die Aussicht	ディ アオス・ズィヒト
城	中 das Burg	ダス ブアク
公園	男 der Park	デア パルク
庭園	男 der Garten	デア ガルテン
宮殿	男 der Palast	デア パラスト
礼拝堂	女 die Kapelle	ディ カペレ
遺跡	女 die Ruine	ディ ルイーネ
遊覧船	中 das Rundfahrtschiff	ダス ルントファールト・シッフ
展望塔	男 der Aussichtsturm	デア アオスズィヒツ・トゥルム
博物館	中 das Museum	ダス ムゼーウム
植物園	男 der Pflanzengarten	デア プフランツェン・ガルテン
キャンプ場	男 der Campingplatz	デア キャンピング・プラッツ
オクトーバーフェスト	中 das Oktoberfest	ダス オクトーバー・フェスト
クリスマスマーケット	男 der Weihnachtsmarkt	デア ヴァイナハツ・マルクト
世界文化遺産	中 das Weltkulturerbe	ダス ヴェルト・クルトゥア・エアベ
観光案内所	女 die Touristen-Information	ディ トゥーリステン インフォマツィオーン
市街地図	男 der Stadtplan	デア シュタット・プラーン
ガイド、案内	女 die Führung	ディ フューールング
入場料	女 die Eintrittsgebühr	ディ アイントリッツ・ゲビューア

遊ぶ・楽しむ

第8章 遊ぶ・楽しむ

Spielen・Genießen

Japanisch (ドイツ人用)
mēsho めいしょ
keshiki けしき
shiro しろ
kōen こうえん
tēen ていえん
kyūden きゅうでん
rēhaidō れいはいどう
iseki いせき
yūransen ゆうらんせん
tembōtō てんぼうとう
hakubutsukan はくぶつかん
shokubutsuen しょくぶつえん
kyampujō きゃんぷじょう
okutōbā fesuto おくとーばーふぇすと
kurisumasu ichi くりすますいち
sekai bunka isan せかいぶんかいさん
kankō an'naijo かんこうあんないじょ
shigai chizu しがいちず
gaido, an'nai がいど、あんない
nyūjōryō にゅうじょうりょう

文章でも覚えよう！

名所を教えていただけますか？

Können Sie mir Sehenswürdigkeiten empfehlen?

ケネン ズィー ミア ゼーエンス・ヴュルディヒ・カイテン エンムプフェーレン

mēsho o oshiete itadake masu ka ?

無料の市街地図はありますか？

Haben Sie einen kostenlosen Stadtplan?

ハーベン ズィー アイネン コステンローゼン シュタット・プラーン

muryō no shigai chizu wa ari masu ka ?

その城ではガイドツアーはありますか？

Gibt es eine Führung im Schloss ?

ギプト エス アイネ フューールング イム シュロス

sono shiro dewa gaido tsuā wa ari masu ka ?

教会には入場料はありません。

In der Kirche zahlt man keine Eintrittsgebühr.

インデア キルヘ ツァールト マン カイネ アイントリッツ・ゲビューア

kyōkai niwa nyūjōryō wa ari masen.

芸術 Kunst

日本語	ドイツ語	カナ読み
□ コンサート	⊕ das Konzert	ダス コン**ツェ**ルト
□ クラシック音楽	⊛ die klassische Musik	ディ ク**ラ**スィッシェ ム**ズィ**ーク
□ ミュージカル	⊕ das Musical	ダス **ミュー**ズィカル
□ オペラ	⊛ die Oper	ディ **オ**ーパー
□ バレエ	⊕ das Ballett	ダス バ**レ**ット
□ 展覧会	⊛ die Ausstellung	ディ **ア**オス・シュテルング
□ 美術	⊛ die Kunst	ディ **ク**ンスト
□ 建築	⊛ die Architektur	ディ アールヒテク**トゥ**ーア
□ 演劇	⊕ das Theater	ダス テ**ア**ター
□ 文学	⊛ die Literatur	ディ リテラ**トゥ**ーア
□ 映画	⊛ der Film	デア **フィ**ルム
□ ビデオアート	⊛ die Videokunst	ディ **ヴィ**デオ・クンスト
□ 工芸	⊛ die Handarbeit	ディ **ハ**ント・アルバイト
□ グラフィックアート	⊛ die Grafik	ディ グ**ラ**ーフィック
□ インスタレーション	⊛ die Installation	ディ インスタラツィ**オ**ーン
□ 映画館	⊕ das Kino	ダス **キ**ーノ
□ 劇場	⊕ das Theater	ダス テ**ア**ター
□ 美術館	⊛ die Kunsthalle	ディ **ク**ンスト・ハレ
□ 指定席	⊛ der reservierte Platz	デア レザ**ヴィ**アテ プラッツ
□ 立ち見席	⊛ der Stehplatz	デア シュ**テ**ー・プラッツ

遊ぶ・楽しむ

第8章 遊ぶ・楽しむ

Spielen・Genießen

Japanisch（ドイツ人用）

konsāto
こんさーと

kurashikku ongaku
くらしっくおんがく

myūjikaru
みゅーじかる

opera
おぺら

barē
ばれえ

tenrankai
てんらんかい

bijutsu
びじゅつ

kenchiku
けんちく

engeki
えんげき

bungaku
ぶんがく

ēga
えいが

bideoāto
びでおあーと

kōgē
こうげい

gurafikku āto
ぐらふぃっくあーと

insutarēshon
いんすたれーしょん

ēgakan
えいがかん

gekijō
げきじょう

bijutsukan
びじゅつかん

shitēseki
していせき

tachimiseki
たちみせき

文章でも覚えよう！

オペラに行くのが好きだ。

Ich gehe gerne in die Oper.

イヒ ゲーエ ゲアナ イン ディ **オ**ーパー

opera ni iku no ga suki da.

私は演劇に興味を持っている。

Ich interessiere mich für Theater.

イヒ インテレスィーレ ミヒ フューア テ**ア**ター

watashi wa engeki ni kyōmi o motte iru.

展覧会がある。

Es gibt eine Ausstellung.

エス ギプト アイネ **ア**オス・シュテルング

tenrankai ga aru.

私は美術館によく行く。

Ich gehe oft in die Kunsthalle.

イヒ ゲーヘ オフト イン ディ **ク**ンスト・ハレ

watashi wa bijutsukan ni yoku iku.

各種スポーツ verschiedene Sportarten

日本語	ドイツ語	カナ読み
□ スポーツ	男 der Sport	デア シュポルト
□ 試合	中 das Spiel	ダス シュピール
□ 選手［男／女］	男 der Sportler 女 die Sportlerin	デア シュポートラー ディ シュポータリン
□ サッカー	男 der Fußball	デア フース・バル
□ テニス	中 das Tennis	ダス テニス
□ スキー	男 der Ski	デア シー
□ アイスホッケー	中 das Eishockey	ダス アイス・ホッキ
□ バレーボール	男 der Volleyball	デア ヴォリ・バル
□ バスケットボール	男 der Basketball	デア バスケット・バル
□ 卓球	中 das Tischtennis	ダス ティッシュ・テニス
□ 柔道	中 das Judo	ダス ユード
□ 相撲	男 der Sumo	デア ズモー
□ ヨット	中 das Segeln	ダス ゼーゲルン
□ ゴルフ	中 das Golf	ダス ゴルフ
□ ボクシング	中 das Boxen	ダス ボクセン
□ 乗馬	中 das Reiten	ダス ライテン
□ 体操	中 das Turnen	ダス トゥルネン
□ サーフィン	中 das Surfen	ダス ズアフェン
□ ハイキング	中 das Wandern	ダス ヴァンデルン
□ 登山	中 das Bergsteigen	ダス ベルク・シュタイゲン

遊ぶ・楽しむ

第8章 遊ぶ・楽しむ

Spielen・Genießen

Japanisch(ドイツ人用)

supōtsu
すぽーつ

shiai
しあい

senshu
せんしゅ

sakkā
さっかー

tenisu
てにす

sukī
すきー

aisu hokkē
あいすほっけー

barē bōru
ばれーぼーる

basuketto bōru
ばすけっとぼーる

takkyū
たっきゅう

jūdō
じゅうどう

sumō
すもう

yotto
よっと

gorufu
ごるふ

bokushingu
ぼくしんぐ

jōba
じょうば

taisō
たいそう

sāfin
さーふぃん

haikingu
はいきんぐ

tozan
とざん

文章でも覚えよう！

私はスポーツが好きだ。

Ich treibe gerne Sport.

イヒ トライベ ゲルネ シュポルト

watashi wa supōtsu ga suki da.

ドイツはサッカーがさかんだ。

In Deutschland ist Fußball sehr beliebt.

イン ドイチュラント イスト フース・バル ゼーア ベリープト

doitsu wa sakkā ga sakan da.

私は柔道を習っている。

Ich lerne Judo.

イヒ レルネ ユード

watashi wa jūdō o naratte iru.

私の趣味はハイキングだ。

Mein Hobby ist Wandern.

マイン ホビー イスト ヴァンデルン

watashi no shumi wa haikingu da.

サッカー観戦 Fußball zuschauen

日本語	ドイツ語	カナ読み
☐ ワールドカップ	囡 die Weltmeisterschaft	ディ ヴェルト・マイスター・シャフト
☐ 世界チャンピオン	男 der Weltmeister	デア ヴェルト・マイスター
☐ チーム	囡 die Mannschaft	ディ マンシャフト
☐ 監督［男／女］	男 der Trainer 囡 die Trainerin	デア トレーナー ディ トレーネリン
☐ キャプテン	男 der Kapitän	デア カピテーン
☐ 司令塔	男 der Regisseur	デア レジセーア
☐ 審判［男／女］	男 der Schiedsrichter 囡 die Schiedsrichterin	デア シーツ・リヒター ディ シーツ・リヒテリン
☐ ホーム	中 das Heimspiel	ダス ハイム・シュピール
☐ アウェイ	中 das Auswärtsspiel	ダス アウスヴェルツ・シュピール
☐ 前半	erste Halbzeit	エアルステ ハルプツァイト
☐ 後半	zweite Halbzeit	ツヴァイテ ハルプツァイト
☐ ロスタイム	中 das Nachspiel	ダス ナーハ・シュピール
☐ キックオフ	男 der Anstoß	デア アン・シュトース
☐ 先発	囡 die Startelf	ディ シュタートエルフ
☐ 交代	男 der Wechsel	デア ヴェクセル
☐ シュート	男 der Schuss	デア シュッス
☐ ゴール	中 das Tor	ダス トーア
☐ オウンゴール	中 das Eigentor	ダス アイゲン・トーア
☐ ユニフォーム	中 das Trikot	ダス トリコット
☐ ファン	男 der Fan	デア フェン

遊ぶ・楽しむ

第8章 遊ぶ・楽しむ

Spielen・Genießen

Japanisch(ドイツ人用)

wārudo kappu
わーるどかっぷ

sekai champion
せかいちゃんぴおん

chīmu
ちーむ

kantoku
かんとく

kyaputen
きゃぷてん

shirētō
しれいとう

shimpan
しんぱん

hōmu
ほーむ

awē
あうぇい

zenhan
ぜんはん

kōhan
こうはん

rosu taimu
ろすたいむ

kikkuofu
きっくおふ

sempatsu
せんぱつ

kōtai
こうたい

shūto
しゅーと

gōru
ごーる

oungōru
おうんごーる

yunifōmu
ゆにふぉーむ

fan
ふぁん

文章でも覚えよう!

ドイツのキャプテンは誰ですか？

Wer ist der Kapitän von Deutschland ?

ヴェア イスト デア カビ**テ**ーン フォン **ド**イチュラント

doitsu no kyaputen wa dare desu ka ?

その審判はイエローカードを出している。

Der Schiedsrichter zeigt die gelbe Karte.

デア **シ**ーツ・リヒター ツァイクト ディ **ゲ**ルベ カルテ

sono shimpan wa ierōkādo o dashite iru.

ホームはたいてい有利だ。

Die Heimspiele liegen meistens günstig.

ディ **ハ**イム・シュピーレ リーゲン マイステンス **ギュ**ンスティヒ

hōmu wa taitē yūri da.

クローゼがゴールを決める。

Klose schießt ein Tor.

クローゼ シースト アイン **ト**ーア

kurōze ga gōru o kimeru.

レクリエーション・美容 Erholung, Schönheit

日本語	ドイツ語	カナ読み
保養	die Erholung	ディ エアホールング
スパ	das Spa	ダス スパ
サウナ	die Sauna	ディ ザオナ
アロマセラピー	die Aromatherapie	ディ アロマ・テラピー
自然療法	die Naturtherapie	ディ ナトゥア・テラピー
温泉施設	das Kurhaus	ダス クア・ハウス
エステ	die Gesichtsbehandlung	ディ ゲズィヒツ・ベハンドルング
マッサージ	die Massage	ディ マサージェ
アンチエージング	das Anti-Aging	ダス アンティ エージング
美容整形	die Schönheitskorrektur	ディ シェーンハイツ・コレクトゥア
カイロプラクティク	die Chiropraktik	ディ ヒロ・プラクティーク
フィットネスセンター	das Fitnesscenter	ダス フィットネス・センター
エアロビクス	das Aerobics	ダス エロービク
太極拳	das Taichi	ダス タイチー
ボディービル	das Bodybuilding	ダス ボディ・ビルディング
ヨガ	der Yoga	デア ヨーガ
ジョギング	das Jogging	ダス ジョギング
メディテーション	die Meditation	ディ メディタツィオーン
健康食品	die Biokost	ディ ビオ・コスト
ダイエット	die Diät	ディ ディエート

遊ぶ・楽しむ

第8章　遊ぶ・楽しむ

Spielen・Genießen

Japanisch（ドイツ人用）

hoyō
ほよう

supa
すぱ

sauna
さうな

aromaserapī
あろませらぴー

shizen ryōhō
しぜんりょうほう

onsen shisetsu
おんせんしせつ

esute
えすて

massāji
まっさーじ

anchi ējingu
あんちえーじんぐ

biyōsēkē
びようせいけい

kairopurakutikku
かいろぷらくてぃっく

fittonesu sentā
ふぃっとねすせんたー

earobikusu
えあろびくす

taikyokuken
たいきょくけん

bodībiru
ぼでぃーびる

yoga
よが

jogingu
じょぎんぐ

meditēshon
めでぃてーしょん

kenkō shokuhin
けんこうしょくひん

daietto
だいえっと

文章でも覚えよう！

私は月に1度スパに行く。

Ich gehe einmal im Monat zum Spa.

イヒ ゲーエ **アイン**マール イム モーナート ツム **ス**パ

watashi wa tsuki ni ichi-do supa ni iku.

太極拳をやるとすっきりする。

Taichi macht mich frisch.

タイチー マハト ミッヒ **フ**リシュ

taikyokuken o yaru to sukkiri suru.

私はヨガが好きだ。

Ich mache gerne Yoga.

イヒ マッヘ ゲルネ **ヨ**ーガ

watashi wa yoga ga suki da.

私はダイエットが必要だ。

Ich brauche Diät.

イヒ ブラオヘ ディ**エ**ート

watashi wa daietto ga hitsuyō da.

Spielen・Genießen

ナイトライフ Nachtleben

日本語	ドイツ語	カナ読み
□ 飲み屋	女 die Kneipe	ディ クナイペ
□ バー	女 die Bar	ディ バー
□ カジノ	中 das Spielcasino	ダス シュピール・カズィノ
□ ディスコ	女 die Diskothek	ディ ディスコテーク
□ カラオケ	中 das Karaoke	ダス カラオケ
□ ナイトクラブ	男 der Nachtklub	デア ナハト・クルプ
□ ライブハウス	女 die Musikkneipe	ディ ムズィーク・クナイペ
□ クローク	女 die Garderobe	ディ ガルデ・ローベ
□ DJ［男／女］	男 der Discjockey 女 die DJana	デア ディスク・ジョッキー ディ ディジェーヌ
□ パーティー	女 die Party	ディ パーティ
□ ナンパ	anmachen	アンマッヘン
□ 遊ぶ	spielen	シュピーレン
□ 踊る	tanzen	タンツェン
□ 歌う	singen	ズィンゲン
□ おごる	ein|laden	アインラーデン
□ ワリカンする	getrennt zahlen	ゲトレント ツァーレン
□ 徹夜する	die ganze Nacht auf|bleiben	ディ ガンツェ ナハト アオフブライベン
□ 夜景	der Anblick bei Nacht	デア アンブリック バイ ナハト
□ カッコいい！	Toll！	トル
□ キレイ！	Schön！	シェーン

遊ぶ・楽しむ

第8章 遊ぶ・楽しむ

Spielen・Genießen

Japanisch（ドイツ人用）

nomiya
のみや

bā
ばー

kajino
かじの

disuko
でぃすこ

karaoke
からおけ

naito kurabu
ないとくらぶ

raibu hausu
らいぶはうす

kurōku
くろーく

dījē
でぃーじぇー

pātī
ぱーてぃー

nampa
なんぱ

asobu
あそぶ

odoru
おどる

utau
うたう

ogoru
おごる

warikan suru
わりかんする

tetsuya suru
てつやする

yakē
やけい

kakkoī!
かっこいい

kirē!
きれい

文章でも覚えよう！

私(わたし)はパーティーでスーツを着(き)る。

Ich trage auf der Party einen Anzug.

イヒ トラーゲ アオフ デア **パーティ** アイネン **ア**ンツーク

watashi wa pātī de sūtsu o kiru.

クロークはどこですか？

Wo ist die Garderobe ?

ヴォー イスト ディ ガルデ・**ロー**ベ

kurōku wa doko desu ka ?

一緒(いっしょ)に踊(おど)りましょう。

Tanzen wir zusammen !

タンツェン ヴィア ツ**ザ**メン

issho ni odori mashō.

おすすめのディスコを教(おし)えてください。

Gibt es Diskotheken,
die Sie mir empfehlen können ?

ギプト エス ディス**コ**テーケン ディ ズィー ミア エンプ**フェー**レン ケネン

osusume no disuko o oshiete kudasai.

Spielen・Genießen

恋愛 Liebe

日本語	ドイツ語	カナ読み
恋愛	㊛ die Liebe	ディ リーベ
愛する	lieben	リーベン
恋に落ちる	sich verlieben	ズィヒ フェアリーベン
一目ぼれ	㊛ die Liebe auf den ersten Blick	ディ リーベ アオフ デン エーステン ブリック
片思い	㊛ die einseitige Liebe	ディ アインザイティゲ リーベ
両思い	㊛ die gegenseitige Liebe	ディ ゲーゲンザイティゲ リーベ
失恋	㊛ die unglückliche Liebe	ディ ウングリュックリッヒェ リーベ
ボーイフレンド［彼氏］	㊚ mein Freund	マイン フロイント
ガールフレンド［彼女］	㊛ meine Freundin	マイネ フロインディン
出会い	㊛ die Begegnung	ディ ベゲーグヌング
別れ	sich^4 verabschieden	ズィッヒ フェアアップシーデン
口説く	überreden	ユーバーレーデン
デート	㊥ das Date	ダス デイト
嫉妬	㊛ die Eifersucht	ディ アイファーズフト
喧嘩	㊚ der Streit	デア シュトライト
浮気する	untreu sein	ウントロイ ザイン
結婚する	heiraten	ハイラーテン
離婚する	sich^4 scheiden lassen	ズィッヒ シャイデン ラッセン
キスする	küssen	キュッセン
セックスする	Sex machen	ゼックス マッヘン

遊ぶ・楽しむ

第8章 遊ぶ・楽しむ

Spielen・Genießen

Japanisch（ドイツ人用）

renai
れんあい

ai suru
あいする

koi ni ochiru
こいにおちる

hitomebore
ひとめぼれ

kata omoi
かたおもい

ryō omoi
りょうおもい

shitsuren
しつれん

bōi furendo
ぼーいふれんど

gāru furendo
がーるふれんど

deai
であい

wakare
わかれ

kudoku
くどく

dēto
でーと

shitto
しっと

kenka
けんか

uwaki suru
うわきする

kekkon suru
けっこんする

rikon suru
りこんする

kisu suru
きすする

sekkusu suru
せっくすする

文章でも覚えよう！

トーマスは私のボーイフレンドです。

Thomas ist mein Freund.

トーマス イスト **マ**イン フロイント

tōmasu wa watashi no bōi furendo desu.

あなたを愛しています。

Ich liebe Sie.

イヒ リーベ ズィー

anata o ai shite imasu.

私は彼と結婚する。

Ich heirate ihn.

イヒ ハイラーテ イーン

watashi wa kare to kekkon suru.

私は結婚している。

Ich bin verheiratet.

イヒ ビン フェア**ハ**イラーテト

watashi wa kekkon shite iru.

娯楽・ホビー Unterhaltung, Hobby

日本語	ドイツ語	カナ読み
音楽	安 die Musik	ディ ムズィーク
写真	安 die Fotographie	ディ フォトグラフィー
読書	中 das Lesen	ダス レーゼン
漫画	複 die Comics	ディ コミックス
アニメ	安 die Animation	ディ アニマツィオーン
テレビゲーム	中 das TV-Spiel	ダス テーファオ・シュピール
占い	中 das Wahrsagen	ダス ヴァー・ザーゲン
映画スター	男 der Filmstar	デア フィルム・スター
ビリヤード	中 das Billiard	ダス ビリヤルト
チェス	中 das Schach	ダス シャハ
コレクション	安 die Sammlung	ディ ザンムルング
ガーデニング	安 die Gartenarbeit	ディ ガルテン・アルバイト
フラワーアレンジメント	中 das Blumenarrangement	ダス ブルーメン・アランジュマーン
サイクリング	安 die Radtour	ディ ラート・トゥーア
水泳	中 das Schwimmen	ダス シュヴィメン
キャンピング	中 das Camping	ダス キャンピング
釣り	中 das Angeln	ダス アンゲルン
旅行	安 die Reise	ディ ライゼ
散歩	男 der Spaziergang	デア シュパツィーア・ガング
小ドライブ	安 die Spritztour	ディ シュピリッツ・トゥーア

遊ぶ・楽しむ

第8章 遊ぶ・楽しむ

Spielen・Genießen

Japanisch (ドイツ人用)	文章でも覚えよう！
ongaku おんがく	音楽を聴くのが好きだ。 Ich höre gerne Musik. イヒ ヘーレ ゲルネ ム**ズィ**ーク ongaku o kiku no ga suki da.
shashin しゃしん	
dokusho どくしょ	
manga まんが	
anime あにめ	
terebi gēmu てれびげーむ	私は占いに夢中だ。 Ich bin ganz verrückt nach Wahrsagen. イヒ ビン ガンツ フェア**リュ**ックト ナーハ ヴァー・ザーゲン watashi wa uranai ni muchū da.
uranai うらない	
ēga sutā えいがすたー	
biriyādo びりやーど	
chesu ちぇす	
korekushon これくしょん	私はサイクリングが好きだ。 Ich mache gerne Radtour. イヒ マッヘ ゲルネ **ラ**ート・トゥーア watashi wa saikuringu ga suki da.
gādeningu がーでにんぐ	
furawā arenjimento ふらわーあれんじめんと	
saikuringu さいくりんぐ	
suiē すいえい	
kyampingu きゃんぴんぐ	毎朝散歩する。 Jeden Morgen einen Spaziergang machen. **イェ**ーデン **モ**ルゲン アイネン シュパ**ツィ**ーア・ガング マッヘン maiasa sampo suru.
tsuri つり	
ryokō りょこう	
sampo さんぽ	
shō doraibu しょうどらいぶ	

Spielen・Genießen

日用品・生活雑貨 Haushaltsartikel

日本語	ドイツ語	カナ読み
石鹸	女 die Seife	ディ ザイフェ
シャンプー剤	中 das Shampoo	ダス シャンプー
リンス剤	中 das Haarspülmittel	ダス ハー・シュピュール・ミッテル
歯ブラシ	女 die Zahnbürste	ディ ツァーン・ビュルステ
練り歯磨き	女 die Zahnpasta	ディ ツァーン・パスタ
ヘアブラシ	女 die Haarbürste	ディ ハー・ビュルステ
櫛	男 der Kamm	デア カム
爪きり	女 die Nagelschere	ディ ナーゲル・シェーレ
シェーバー	男 der Rasierapparat	デア ラズィーア・アパラート
トイレットペーパー	中 das Toilettenpapier	ダス トアレッテン・パピア
タオル	中 das Tuch	ダス トゥーフ
ゴミ袋	女 die Mülltüte	ディ ミュル・テューテ
洗濯用洗剤	中 das Waschmittel	ダス ヴァッシュ・ミッテル
食器用洗剤	中 das Spülmittel	ダス シュピュール・ミッテル
ボールペン	男 der Kugelschreiber	デア クーゲル・シュライバー
消しゴム	男 der Radiergummi	デア ラディーア・グミ
はさみ	女 die Schere	ディ シェーレ
たばこ	男 der Tabak	デア ターバク
ライター	中 das Feuerzeug	ダス フォイアー・ツォイク
灰皿	中 das Aschenbecher	ダス アッシェン・ベッヒャー

暮らす

第9章 暮らす

Leben

Japanisch（ドイツ人用）
sekken せっけん
shampūzai しゃんぷーざい
rinsuzai りんすざい
haburashi はぶらし
neri hamigaki ねりはみがき
hea burashi へあぶらし
kushi くし
tsumekiri つめきり
shēbā しぇーばー
toiretto pēpā といれっとぺーぱー
taoru たおる
gomi bukuro ごみぶくろ
sentakuyō senzai せんたくようせんざい
shokkiyō senzai しょっきようせんざい
bōrupen ぼーるぺん
keshigomu けしごむ
hasami はさみ
tabako たばこ
raitā らいたー
haizara はいざら

文章でも覚えよう！

この石鹸は植物性ですか？

Ist diese Seife pflanzlich ?

イスト ディーゼ **ザ**イフェ プフ**ラ**ンツリヒ

kono sekken wa shokubutsusē desu ka ?

トイレットペーパーが切れた。（なくなった）

Das Toilettenpapier ist leer.

ダス トア**レ**ッテン・パピア イスト **レ**ア

toiretto pēpā ga kireta.

ボールペンで書いてください。

Schreiben Sie bitte mit Kugelschreiber.

シュ**ラ**イベン ズィー ビッテ ミット **ク**ーゲル・シュライバー

bōrupen de kaite kudasai.

このはさみを使っていいですか？

Darf ich diese Schere benutzen ?

ダルフ イヒ ディーゼ **シェ**ーレ ベ**ヌ**ッツェン

kono hasami o tsukatte ī desu ka ?

Leben

電化製品 Elektroartikel

日本語	ドイツ語	カナ読み
ラジオ	das Radio	ダス ラーディオ
カメラ	die Kamera	ディ カマラ
ＤＶＤプレーヤー	der DVD-Spieler	デア デーファオデー・シュピーラー
ステレオ	die Stereoanlage	ディ シュテーレオ・アンラーゲ
電子レンジ	der Mikrowellenherd	デア ミクロヴェレン・ヘアト
オーブン	der Backofen	デア バック・オーフェン
冷蔵庫	der Kühlschrank	デア キュール・シュランク
食器洗い機	die Spülmaschine	ディ シュピュール・マシーネ
掃除機	der Staubsauger	デア シュタオプ・ザオガー
アイロン	das Bügeleisen	ダス ビューゲル・アイゼン
ヘアドライヤー	der Föhn	デア フェーン
電気スタンド	die Tischlampe	ディ ティッシュ・ランペ
電球	die Glühbirne	ディ グリュー・ビルネ
リモコン	die Fernbedienung	ディ フェルン・ベディーヌング
コンセント	die Steckdose	ディ シュテック・ドーゼ
変圧器	der Transformator	デア トランスフォアマトーア
充電池	die Batterie	ディ バテリー
充電器	das Ladegerät	ダス ラーデ・ゲレート
乾電池	die Trockenbatterie	ディ トロッケン・バテリー
計算機	der Taschenrechner	デア タッシェン・レヒナー

暮らす

第9章 暮らす

Leben

Japanisch（ドイツ人用）

rajio
らじお

kamera
かめら

di-bui-di purēyā
でぃーぶいでぃーぷれいやー

sutereo
すてれお

denshi renji
でんしれんじ

ōbun
おーぶん

rēzōko
れいぞうこ

shokkiaraiki
しょっきあらいき

sōjiki
そうじき

airon
あいろん

hea doraiyā
へあどらいやー

denki sutando
でんきすたんど

denkyu
でんきゅう

rimokon
りもこん

konsento
こんせんと

hen'atsuki
へんあつき

jūdenchi
じゅうでんち

jūdenki
じゅうでんき

kandenchi
かんでんち

kēsanki
けいさんき

文章でも覚えよう！

変圧器を貸してください。

Darf ich den Transformator leihen ?

ダーフ イヒ デーン トランスフォマトーア ライエン

hen'atuki o kashite kudasai.

冷蔵庫の中は空っぽだ。

Der Kühlschrank ist leer.

デア キュール・シュランク イスト レア

rēzōko no naka wa karappo da.

私は食器洗い機で食器を洗う。

Ich spüle das Geschirr in der Spülmaschine.

イヒ シュピューレ ダス ゲシル イン デア シュピュール・マシーネ

watashi wa shokkiaraiki de shokki o arau.

乾電池はありますか？

Gibt es eine Trockenbatterie ?

ギプト アズ アイネ トロッケン・バテリー

kandenchi wa ari masu ka ?

Leben

コンピューター Computer

日本語	ドイツ語	カナ読み
パソコン	男 der PC	デア ペーツェー
ノートパソコン	中 das Notebook	ダス ノウト・ブック
モニター	男 der Monitor	デア モーニトァ
キーボード	女 die Tastatur	ディ タスタトゥーア
キー	女 die Taste	ディ タステ
マウス	女 die Maus	ディ マオス
プリンター	男 der Drucker	デア ドゥルッカー
トナー	男 der Toner	デア トーナー
インクカートリッジ	女 die Tintenpatrone	ディ ティンテン・パトローネ
スキャナー	男 der Scanner	デア スキャナー
ルーター	男 der Router	デア ルーター
CD-ROM	女 die CD-ROM	ディ ツェーデー・ロム
USBメモリー	男 der USB-Stick	デア ユーエスビー・スティック
SDカード	女 die SD-Speicherkarte	ディ エスデー・シュパイヒャー・カルテ
OS	中 das Betriebssystem	ダス ベトリープス・ズュステーム
ウィンドウズ	女 die Windows	ディ ウィンドウズ
マッキントッシュ	女 die Macintosh	ディ マッキントッシュ
ハードディスク	女 die Festplatte	ディ フェスト・プラッテ
CPU	男 der Prozessor	デア プロツェッソア
RAM	中 das RAM	ダス ラム

暮らす

第9章 暮らす

Leben

文章でも覚えよう！

Japanisch (ドイツ人用)	
pasokon ぱそこん	
nōto pasokon のーとぱそこん	
monitā もにたー	
kībōdo きーぼーど	
kī きー	
mausu まうす	
purintā ぷりんたー	
tonā となー	
inku kātorijji いんくかーとりっじ	
sukyanā すきゃなー	
rūtā るーたー	
sī-dī romu しーでぃーろむ	
yū-esu-bī memorī ゆーえすびーめもりー	
esu-dī kādo えすでぃーかーど	
ō-esu おーえす	
windōzu うぃんどうず	
makkintosshu まっきんとっしゅ	
hādo disuku はーどでぃすく	
shī-pī-yū しーぴーゆー	
ramu らむ	

プリンターのインクが切れました。

Die Tinte des Druckers ist leer.

ディ ティンテ デス ドゥルッカース イスト レア

purintā no inku ga kire mashita.

データをUSBメモリーに保存する。

Man speichert die Daten in den USB-Stick.

マン シュパイヒャート ディ ダーテン イン デン ユーエスビー スティック

dēta o yū-esu-bī memorī ni hozon suru.

新しいノートパソコンが欲しい。

Ich möchte einen neuen Notebook.

イヒ メヒテ アイネン ノイエン ノートブック

atarashī nōto pasokon ga hoshī.

このパソコンのOSは何ですか？

Was ist der Betriebssystem dieses Computers ?

ヴァス イスト デア ベトリープスズュステーム ディーゼス コンピュータース

kono pasokon no ō-esu wa nan desu ka ?

インターネット Internet

日本語	ドイツ語	カナ読み
□ インターネット	⊕ das Internet	ダス インターネット
□ アクセスする	zu|greifen	ツーグライフェン
□ アクセスポイント	男 der Zugangspunkt	デア ツーガングス・プンクト
□ ユーザー名	女 die Benutzerkennung	ディ ベヌッツ・エアケヌング
□ パスワード	⊕ das Passwort	ダス パス・ヴォルト
□ サイト	女 die Website	ディ ウェブ・サイト
□ 検索する	suchen	ズーヘン
□ メール	女 die E-Mail	ディ イー・メイル
□ メールアドレス	女 die E-Mail-Adresse	ディ イー・メイル・アドレッセ
□ 受信する	empfangen	エムプファンゲン
□ 送信する	senden	ゼンデン
□ 添付ファイル	男 der Anhang	デア アンハング
□ アップロードする	aufladen	アウフ・ラーデン
□ ダウンロードする	unterladen	ウンター・ラーデン
□ Wi‐Fi	女 die Wi-Fi	ディ ウィー・フィー
□ サーバー	男 der Server	デア サーヴァー
□ ウイルス	⊕ das Virus	ダス ヴィールス
□ プロバイダー	男 der Provider	デア プロヴァイダー
□ エラー	男 der Fehler	デア フェーラー
□ インターネットカフェ	⊕ das Internetcafé	ダス インターネット・カフェ

第9章 暮らす

Leben

Japanisch(ドイツ人用)
intānetto いんたーねっと
akusesu suru あくせすする
akusesu pointo あくせすぽいんと
yūzāmē ゆーざーめい
pasu wādo ぱすわーど
saito さいと
kensaku suru けんさくする
mēru めーる
mēru adoresu めーるあどれす
jushin suru じゅしんする
sōshin suru そうしんする
tempu fairu てんぷふぁいる
appurōdo suru あっぷろーどする
daunrōdo suru だうんろーどする
wai-fai わいふぁい
sabā さーばー
uirusu ういるす
purobaidā ぷろばいだー
erā えらー
intānetto kafe いんたーねっとかふぇ

文章でも覚えよう！

メールアドレスを教えてください。

Bitte sagen Sie mir ihre E-Mail-Adresse.

ビッテ **ザ**ーゲン ズィー ミア イーレ **イ**ー・メイル・アド**レ**ッセ

mēru adoresu o oshiete kudasai.

インターネットで情報を収集する。

Ich sammle Informationen mit dem Internet.

イヒ **ザ**ンムレ インフォマツィ**オ**ーネン ミット デム **イン**ターネット

intānetto de jōhō o shūshū suru.

添付ファイルが開けません。

Ich kann den Anhang nicht öffnen.

イヒ カン デーン **アン**ハング ニヒト **エ**フネン

tempu fairu ga hirake masen.

近くにフリーWi・Fiスポットはありませんか？

Gibt es in der Nähe kostenlose Wi-Fi Spots?

ギプト エス イン デア **ネ**ーエ **コ**ステンローゼ ヴィー**フィ**ー シュポッツ

chikaku ni furī wai-fai supotto wa ari masen ka？

Leben

163

電話 Telefon

日本語	ドイツ語	カナ読み
電話	⊕ das Telefon	ダス テレフォーン
電話帳	⊕ das Telefonbuch	ダス テレフォーン・ブーフ
番号案内	⊛ die Telefonauskunft	ディ テレフォーン・アオスクンフト
市内通話	⊕ das Ortsgespräch	ダス オルツ・ゲシュプレーヒ
市外通話	⊕ das Ferngespräch	ダス フェルン・ゲシュプレーヒ
国際電話	⊕ das Auslandsgespräch	ダス アオスランツ・ゲシュプレーヒ
国番号	⊛ die Ländervorwahl	ディ レンダー・フォアヴァール
電話番号	⊛ die Telefonnummer	ディ テレフォーン・ヌマー
公衆電話	⊕ das öffentliches Telefon	ダス エッフェントリッヒェス テレフォーン
テレホンカード	⊛ die Telefonkarte	ディ テレフォーン・カルテ
携帯電話	⊕ das Handy	ダス ヘンディー
スマートフォン	⊕ das Smartphone	ダス スマルト・フォーン
フリーダイヤル	⊛ die gebührenfreie Wahl	ディ ゲビューレン・フライエ ヴァール
通話	⊕ das Telefongespräch	ダス テレフォーン・ゲシュプレーヒ
留守番電話	⊛ der Anrufbeantworter	デア アンルーフ・ベアントヴォルター
電話をかける	an|rufen	アンルーフェン
話し中	besetzt	ベゼッツト
呼び出し音	⊕ das Rufzeichen	ダス ルーフ・ツァイヒェン
もしもし	Hallo	ハロー
さようなら [電話の場合]	Auf Wiederhören.	アウフ ヴィーダーヘーレン

第9章 暮らす

Leben

文章でも覚えよう!

Japanisch (ドイツ人用)
denwa でんわ
denwachō でんわちょう
bangō an'nai ばんごうあんない
shinai tsūwa しないつうわ
shigai tsūwa しがいつうわ
kokusai denwa こくさいでんわ
kuni bangō くにばんごう
denwa bangō でんわばんごう
kōshū denwa こうしゅうでんわ
terehon kādo てれほんかーど
kētai denwa けいたいでんわ
sumātofon すまーとふぉん
furīdaiyaru ふりーだいやる
tsūwa つうわ
rusuban denwa るすばんでんわ
denwa o kakeru でんわをかける
hanashichū はなしちゅう
yobidashion よびだしおん
moshimoshi もしもし
sayōnara さようなら

小野さん、お電話です。

Herr Ono, Telefon für Sie.

ヘア オノ テレフォーン フューア ズィー

ono san, odenwa desu.

テレホンカードを1枚ください。

Eine Telefonkarte, bitte.

アイネ テレフォーン・カルテ ビッテ

terehon kādo o ichi-mai kudasai.

私は小野さんに電話する。

Ich rufe Herrn Ono an.

イヒ ルーフェ ヘルン オノ アン

watashi wa onosan ni denwa suru.

(電話が)話し中です。

Es ist besetzt.

エス イスト ベゼッツト

hanashichū desu.

Leben

メディア・ニュース Medien, Nachrichten

日本語	ドイツ語	カナ読み
□ メディア	⊕ das Madium	ダス メーディウム
□ ジャーナリズム	男 der Journalismus	デア ジョアナリスムス
□ 報道機関	女 die Presse	ディ プレッセ
□ 新聞	女 die Zeitung	ディ ツァイトゥング
□ 雑誌	女 die Zeitschrift	ディ ツァイト・シュリフト
□ 週刊誌	女 die Wochenzeitschrift	ディ ヴォッヘン・ツァイト・シュリフト
□ 月刊誌	女 die Monatszeitschrift	ディ モナーツ・ツァイト・シュリフト
□ 大衆紙	⊕ das Massenblatt	ダス マッセン・ブラット
□ 号外	⊕ das Exstrablatt	ダス エクストラ・ブラット
□ 記事	男 der Artikel	デア アルティーケル
□ ニュース	女 die Nachricht	ディ ナーハリヒト
□ 放送	女 die Sendung	ディ ゼンドゥング
□ 番組	⊕ das Programm	ダス プログラム
□ コマーシャル	女 die Reklame	ディ レクラーメ
□ テレビ局	男 der Fernsehsender	デア フェルンゼー・ゼンダー
□ ケーブルテレビ	⊕ das Kabelfernsehen	ダス カーベル・フェルンゼーエン
□ チャンネル	男 der Kanal	デア カナール
□ 国営放送	男 der staatlicher Sender	デア シュタートリッヒェ ゼンダー
□ 民放	男 der Privatsender	デア プリバーツ・ゼンダー
□ 中継放送	女 die Übertragung	ディ ユーバー・トラーグング

暮らす

第9章　暮らす

Leben

Japanisch（ドイツ人用）

media	めでぃあ
jānarizumu	じゃーなりずむ
hōdō kikan	ほーどーきかん
shimbun	しんぶん
zasshi	ざっし
shūkanshi	しゅうかんし
gekkanshi	げっかんし
taishūshi	たいしゅうし
gōgai	ごうがい
kiji	きじ
nyūsu	にゅーす
hōsō	ほうそう
bangumi	ばんぐみ
komāsharu	こまーしゃる
terebi kyoku	てれびきょく
kēburu terebi	けーぶるてれび
chan'neru	ちゃんねる
kokuē hōsō	こくえいほうそう
mimpō	みんぽう
chūkē hōsō	ちゅうけいほうそう

文章でも覚えよう！

新聞を購読していますか？

Abonnieren Sie eine Zeitung ?

アボニーレン ズィー アイネ ツァイトゥング

shimbun o kōdoku shite imasu ka ?

この記事は最新のものだ。

Dieser Artikel ist aktuell.

ディーザー アルティーケル イスト アクトゥエル

kono kiji wa saishin no mono da.

私はいつもニュースに関心をもっている。

Ich interesseire mich immer für Nachrichten.

イヒ インテレスィーレ ミヒ イマー フューア ナーハリヒテン

watashi wa itsumo nyūsu ni kanshin o motte iru.

その番組は何チャンネルですか？

In welchem Kanal sieht man das Programm ?

イン ヴェルヘム カナール ズィート マン ダス プログラム

sono bangumi wa nan chan'neru desu ka ?

郵便・輸送 Post, Transport

日本語	ドイツ語	カナ読み
郵便、郵便局	女 die Post	ディ ポスト
ドイツポスト	女 die Deutsche Post	ディ ドイチェ ポスト
手紙	男 der Brief	デア ブリーフ
切手	女 die Briefmarke	ディ ブリーフ・マルケ
はがき	女 die Postkarte	ディ ポスト・カルテ
航空便	女 die Luftpost	ディ ルフト・ポスト
私書箱	中 das Postfach	ダス ポスト・ファッハ
郵便ポスト	男 der Briefkasten	デア ブリーフ・カステン
郵便配達人［男/女］	男 der Briefträger 女 die Briefträgerin	デア ブリーフ・トレーガー ディ ブリーフ・トレーゲリン
差出人［男/女］	男 der Absender 女 die Absenderin	デア アップゼンダー ディ アップゼンデリン
受取人［男/女］	男 der Empfänger 女 die Empfängerin	デア エムプフェンガー ディ エムプフェンゲリン
郵便番号	女 die Postleitzahl	ディ ポスト・ライトツァール
郵便料金	女 die Postgebühr	ディ ポスト・ゲビューア
小包	中 das Paket	ダス パケート
軽量小包	中 das Päckchen	ダス ペックヒェン
書留	中 das Einschreiben	ダス アインシュライベン
速達	女 die Eilpost	ディ アイル・ポスト
配達する	liefern	リーファーン
運送	男 der Transport	デア トランスポルト
宅配便	男 der Zustelldienst	デア ツーシュテル・ディーンスト

暮らす

第9章 暮らす

Leben

Japanisch(ドイツ人用)

yūbin, yūbin kyoku
ゆうびん、ゆうびんきょく

doitsu posuto
どいつぽすと

tegami
てがみ

kitte
きって

hagaki
はがき

kōkūbin
こうくうびん

shishobako
ししょばこ

yūbin posuto
ゆうびんぽすと

yūbin haitatsunin
ゆうびんはいたつにん

sashidashinin
さしだしにん

uketorinin
うけとりにん

yūbin bangō
ゆうびんばんごう

yūbin ryōkin
ゆうびんりょうきん

kozutsumi
こづつみ

kēryō kozutsumi
けいりょうこづつみ

kakitome
かきとめ

sokutatsu
そくたつ

haitatsu suru
はいたつする

unsō
うんそう

takuhaibin
たくはいびん

文章でも覚えよう!

郵便局はどこにありますか?

Wo ist die Post ?

ヴォー イスト ディ ポスト

yūbin kyoku wa doko ni ari masu ka ?

日本に手紙を出したいのですが。

Ich möchte einen Brief nach Japan schicken.

イヒ メヒテ アイネン ブリーフ ナーハ ヤーパン シッケン

nihon ni tegami o dashitai no desu ga.

ボンの郵便番号は何番ですか?

Was ist die Postleitzahl von Bonn ?

ヴァス イスト ディ ポスト・ライトツァール フォン ボン

bon no yūbin bangō wa namban desu ka ?

速達でお願いします。

Mit Eilpost, bitte.

ミット アイル・ポスト ビッテ

sokutatsu de onegai shi masu.

Leben

銀行・両替 Bank, Geldwechsel

日本語	ドイツ語	カナ読み
銀行	女 die Bank	ディ バンク
ユーロ	男 der Euro	デア オイロ
セント	男 der Cent	デア ツェント
ドル	男 der Dollar	デア ドラ
円	男 der Yen	デア エン
紙幣	男 der Geldschein	デア ゲルト・シャイン
硬貨	女 die Münze	ディ ミュンツェ
両替	男 der Wechsel	デア ヴェクセル
為替レート	男 der Wechselkurs	デア ヴェクセル・クルス
手数料	女 die Gebühr	ディ ゲビューア
口座	中 das Konto	ダス コント
口座番号	女 die Kontonummer	ディ コント・ヌマー
暗証番号	女 die Geheimnummer	ディ ゲハイム・ヌマー
引き出し	Abhebung	アップヘーブング
払い込み	Einzahlung	アインツァールング
振込み	Überweisung	ユーバーヴァイズング
貯金	中 das Spargeld	ダス シュパー・ゲルト
通帳	中 das Sparbuch	ダス シュパー・ブーフ
利子	複 die Zinsen	ディ ツィンゼン
サイン	女 die Unterschrift	ディ ウンター・シュリフト

第9章 暮らす

Leben

Japanisch（ドイツ人用）
ginkō ぎんこう
yūro ゆーろ
sento せんと
doru どる
en えん
shihē しへい
kōka こうか
ryōgae りょうがえ
kawase rēto かわせれーと
tesūryō てすうりょう
kōza こうざ
kōza bangō こうざばんごう
anshō bangō あんしょうばんごう
hikidashi ひきだし
haraikomi はらいこみ
furikomi ふりこみ
chokin ちょきん
tsūchō つうちょう
rishi りし
sain さいん

文章でも覚えよう！

１００ユーロを円に両替したいのですが。

Ich möchte 100 Euro in Yen wechseln.

イヒ メヒテ フンダート オイロ イン エン ヴェクセルン

hyaku-yūro o en ni ryōgae shitai no desu ga.

為替レートはどうなっていますか？

Wie ist der Wechselkurs？

ヴィー イスト デア ヴェクセル・クルス

kawase rēto wa dōnatte imasu ka？

口座を開きたいのですが。

Ich möchte ein Konto eröffnen.

イヒ メヒテ アイン コント エアエフネン

kōza o hirakitai no desu ga.

手数料はいくらですか？

Wie teuer ist die Gebühr？

ヴィー トイアー イスト ディ ゲビューア

tesūryō wa ikura desu ka？

学校 Schule

日本語	ドイツ語	カナ読み
教育	女 die Bildung	ディ ビルドゥング
幼稚園	男 der Kindergarten	デア キンダー・ガルテン
小学校	女 die Grundschule	ディ グルント・シューレ
中学校	女 die Mittlere Schule	ディ ミットレレ シューレ
高等学校	女 die Höhere Schule	ディ ヘーエレ シューレ
大学	女 die Universität	ディ ウニヴェアズィテート
専門学校	女 die Fachschule	ディ ファッハ・シューレ
語学学校	女 die Sprachschule	ディ シュプラッハ・シューレ
生徒 [男/女]	男 der Schüler 女 die Schülerin	デア シューラー ディ シューレリン
大学生 [男/女]	男 der Student 女 die Studentin	デア シュトゥデント ディ シュトゥデンティン
先生 [男/女]	男 der Lehrer 女 die Lehrerin	デア レーラー ディ レーレリン
教授 [男/女]	男 der Professor 女 die Professorin	デア プロフェッソア ディ プロフェソーリン
授業	男 der Unterricht	デア ウンターリヒト
宿題	女 die Hausaufgabe	ディ ハオス・アオフガーベ
試験	女 die Prüfung	ディ プリューフング
入学する	ein|treten	アイントレーテン
卒業する	absolvieren	アブゾルヴィーレン
学ぶ	lernen	レルネン
学ぶ [大学で]	studieren	シュトゥディーレン
教える	lehren	レアレン

暮らす

第9章 暮らす

Leben

Japanisch (ドイツ人用)
kyōiku きょういく
yōchien ようちえん
shō gakkō しょうがっこう
chū gakkō ちゅうがっこう
kōtō gakkō こうとうがっこう
daigaku だいがく
semmon gakkō せんもんがっこう
gogaku gakkō ごがくがっこう
sēto せいと
daigakusē だいがくせい
sensē せんせい
kyōju きょうじゅ
jugyō じゅぎょう
shukudai しゅくだい
shiken しけん
nyūgaku suru にゅうがくする
sotsugyō suru そつぎょうする
manabu まなぶ
manabu まなぶ
oshieru おしえる

文章でも覚えよう！

私は語学学校へ行っている。

Ich gehe zur Sprachschule.

イヒ ゲーエ ツーア シュプ**ラ**ッハ・シューレ

watashi wa gogaku gakkō e itte iru.

彼女は英語を教えている。

Sie lehrt Englisch.

ズィー レアルト **エ**ングリッシュ

kanojo wa ēgo o oshiete iru.

今日は宿題がたくさんある。

Heute habe ich viele Hausaufgaben.

ホイテ ハーベ イヒ **フィ**ーレ **ハ**オス・アオフガーベン

kyō wa shukudai ga takusan aru.

私は大学を卒業した。

Ich habe die Universität absolviert.

イヒ ハーベ ディ ウニヴァルズ**テ**ート アプソル**ヴィ**ールト

watashi wa daigaku o sotsugyō shita.

Leben

労働 Arbeit

日本語	ドイツ語	カナ読み
□ 経営者 [男/女]	男 der Unternehmer 女 die Unternehmerin	デア ウンター・**ネ**ーマー ディ ウンター・**ネ**ーメリン
□ 雇用者 [男/女]	男 der Arbeitgeber 女 die Arbeitgeberin	デア **ア**ルバイト・ゲーバー ディ **ア**ルバイト・ゲーベリン
□ 被雇用者 [男/女]	男 der Arbeitnehmer 女 die Arbeitnehmerin	デア **ア**ルバイト・ネーマー ディ **ア**ルバイト・ネーメリン
□ 労働者 [男/女]	男 der Arbeiter 女 die Arbeiterin	デア **ア**ルバイター ディ **ア**ルバイテリン
□ 見習い生	男 der Praktikant	デア プラクティ**カ**ント
□ 派遣社員	男 der Leiharbeiter	デア **ラ**イ・アルバイター
□ アルバイト	女 die Aushilfe	ディ **ア**オスヒルフェ
□ パート	女 die Teilzeitarbeit	ディ **タ**イルツァイト・アルバイト
□ リストラ	男 der Personalabbau	デア ペアゾ**ナ**ール・アプバウ
□ フリーランス	男 der Selbständige	デア **ゼ**ルプシュテンディゲ
□ 履歴書	男 der Lebenslauf	デア **レ**ーベンス・ラオフ
□ 労働組合	女 die Gewerkschaft	ディ ゲ**ヴェ**ルクシャフト
□ 労働法	中 das Arbeitsgesetz	ダス **ア**ルバイツ・ゲゼッツ
□ 資格	女 die Qualifikation	ディ クヴァリフィカツィ**オ**ーン
□ ポスト	女 die Stelle	ディ シュ**テ**レ
□ 求人	中 das Stellenangebot	ダス シュ**テ**レン・アンゲボート
□ 労働条件	複 die Arbeitsbedingungen	ディ **ア**ルバイツ・ベディングンゲン
□ 週休二日制	女 die Fünftagewoche	ディ **フュ**ンフ・ターゲ・ヴォッヘ
□ 労働時間	女 die Arbeitszeit	ディ **ア**ルバイツ・ツァイト
□ 交替制	男 der Schichtwechsel	デア **シ**ヒト・ヴェクセル

暮らす

第9章 暮らす

Leben

Japanisch(ドイツ人用)

kēēsha
けいえいしゃ

koyōsha
こようしゃ

hi koyōsha
ひこようしゃ

rōdōsha
ろうどうしゃ

minaraisē
みならいせい

haken shain
はけんしゃいん

arubaito
あるばいと

pāto
ぱーと

risutora
りすとら

furīransu
ふりーらんす

rirekisho
りれきしょ

rōdō kumiai
ろうどうくみあい

rōdōhō
ろうどうほう

shikaku
しかく

posuto
ぽすと

kyūjin
きゅうじん

rōdō jōken
ろうどうじょうけん

shūkyū futsukasē
しゅうきゅうふつかせい

rōdō jikan
ろうどうじかん

kōtaisē
こうたいせい

文章でも覚えよう！

私は見習い生として働いている。

Ich arbeite als Praktikant.

イヒ アルバイテ アルス プラクティ**カ**ント

watashi wa minaraisē toshite hataraite iru.

私はフリーランスの通訳者です。

Ich bin selbständiger Dolmetscher.

イヒ ビン ゼルプシュテンディガー **ド**ルメチェアー

watashi wa furīransu no tsūyakusha desu.

私は履歴書を書く。

Ich schreibe einen Lebenslauf .

イヒ シュライベ アイネン **レ**ーベンス・ラオフ

watashi wa rirekisho o kaku.

新聞に求人が出ている。

In der Zeitung stehen einige Stellenangebote.

イン デア **ツァ**イトゥング シュテーエン アイニゲ シュ**テ**レン・アンゲボーテ

shimbun ni kyūjin ga dete iru.

Leben

職場 Arbeitsplatz

日本語	ドイツ語	カナ読み
企業	⊕ das Unternehmen	ダス ウンターネーメン
会社	⊛ die Firma	ディ フィルマ
工場	⊛ die Fabrik	ディ ファブリーク
会長 [男/女]	男 der Vorsitzende ⊛ die Vorsitzende	デア フォアズィッツェンデ ディ フォアズィッツェンデ
社長 [男/女]	男 der Direktor ⊛ die Direktorin	デア ディレクトーア ディ ディレクトーリン
従業員 [男/女]	男 der Mitarbeiter ⊛ die Mitarbeiterin	デア ミット・アルバイター ディ ミット・アルバイタリン
業務	男 der Dienst	デア ディーンスト
出張	⊛ die Dienstreise	ディ ディーンスト・ライゼ
フレックスタイム	⊛ die Gleitzeit	ディ グライト・ツァイト
残業	複 die Überstunden	ディ ユーバー・シュトゥンデン
休暇 [勤労者の]	男 der Urlaub	デア ウアラオプ
給料	⊕ das Gehalt	ダス ゲハルト
賃金	男 der Lohn	デア ローン
ボーナス	男 der Bonus	デア ボーヌス
稼ぐ	verdienen	フェアディーネン
所得税	⊛ die Einkommensteuer	ディ アインコメン・シュトイアー
解雇する	kündigen	キュンディゲン
退職する	aus|treten	アオストレーテン
退職金	⊕ das Entlassungsgeld	ダス エントラッスングス・ゲルト
失業している	arbeitslos	アルバイツ・ロース

暮らす

第9章 暮らす

Leben

Japanisch（ドイツ人用）

- kigyō
  きぎょう
- kaisha
  かいしゃ
- kōjō
  こうじょう
- kaichō
  かいちょう
- shachō
  しゃちょう
- jūgyōin
  じゅうぎょういん
- gyōmu
  ぎょうむ
- shucchō
  しゅっちょう
- furekkusu taimu
  ふれっくすたいむ
- zangyō
  ざんぎょう
- kyūka
  きゅうか
- kyūryō
  きゅうりょう
- chingin
  ちんぎん
- bōnasu
  ぼーなす
- kasegu
  かせぐ
- shotokuzē
  しょとくぜい
- kaiko suru
  かいこする
- taishoku suru
  たいしょくする
- taishokukin
  たいしょくきん
- shitsugyō shite iru
  しつぎょうしている

文章でも覚えよう！

私は休暇中です。

Ich bin im Urlaub.

イヒ ビン イム **ウ**アラオプ

watashi wa kyūka chū desu.

当社では200人の従業員が働いている。

Wir haben zweihundert Mitarbeiter.

ヴィア ハーベン ツ**ヴァイ・フ**ンダート ミット・アルバイター

tōsha dewa nihyaku-nin no jūgyōin ga hataraite iru.

今日は残業だ。

Heute mache ich Überstunden.

ホイテ マッヘ イヒ **ユ**ーバー・シュトゥンデン

kyō wa zangyō da.

4月から給料が上る。

Ab April wird das Gehalt erhöht.

アップ アプ**リ**ル ヴィルト ダス ゲ**ハ**ルト エア**ヘ**ート

shi-gatsu kara kyūryō ga agaru.

環境保護 Umweltschutz

日本語	ドイツ語	カナ読み
自然	女 die Natur	ディ ナトゥーア
太陽	女 die Sonne	ディ ゾンネ
水	中 das Wasser	ダス ヴァッサー
川	男 der Fluss	デア フルッス
湖	男 der See	デア ゼー
海	中 das Meer	ダス メーア
山	男 der Berg	デア ベルク
森林	男 der Wald	デア ヴァルト
平野	女 die Ebene	ディ エーベネ
ビオトープ	男 der Biotop	デア ビオトープ
エコロジー	女 die Ökologie	ディ エコロギー
野生動物	中 das Wildtier	ダス ヴィルト・ティア
環境	女 die Umwelt	ディ ウムヴェルト
環境保護	男 der Umweltschutz	デア ウムヴェルト・シュッツ
エネルギー	女 die Energie	ディ エナギー
太陽電池	女 die Solarzelle	ディ ゾラー・ツェレ
有害物質	男 der Schadstoff	デア シャート・シュトフ
廃棄物、ごみ	男 der Abfall	デア アップファル
リサイクル	中 das Recycling	ダス リサイクリング
エコマーク	中 das Umweltzeichen	ダス ウムヴェルト・ツァイヒェン

暮らす

第9章 暮らす

Leben

文章でも覚えよう！

Japanisch (ドイツ人用)	
shizen	しぜん
taiyō	たいよう
mizu	みず
kawa	かわ
mizūmi	みずうみ
umi	うみ
yama	やま
shinrin	しんりん
hēya	へいや
biotōpu	びおとーぷ
ekorojī	えころじー
yasē dōbutsu	やせいどうぶつ
kankyō	かんきょう
kankyō hogo	かんきょうほご
enerugī	えねるぎー
taiyō denchi	たいようでんち
yūgai busshitsu	ゆうがいぶっしつ
haikibutsu, gomi	はいきぶつ、ごみ
risaikuru	りさいくる
eko māku	えこまーく

私は自然を満喫している。

Ich genieße die Natur.

イヒ ゲニーセ ディ ナ**トゥー**ア

watashi wa shizen o mankitsu shite iru.

ライン河は北海へ流れ込んでいる。

Der Rhein fließt in die Nordsee.

デア **ライン** フリースト イン ディ **ノ**ルドゼー

raingawa wa hokkai e nagarekonde iru.

環境保護はとても重要だ。

Der Umweltschutz ist sehr wichtig.

デア **ウ**ムヴェルト・シュッツ イスト ゼーア **ヴィ**ヒティヒ

kankyō hogo wa totemo jūyō da.

太陽電池は環境に優しい。

Solarzelle sind umweltfreundlich.

ゾラー・ツェレ ズィント **ウ**ムヴェルト・フロイントリッヒ

taiyō denchi wa kankyō ni yasashī.

生活パターン Lebensweise

日本語	ドイツ語	カナ読み
起床する	auf|stehen	アオフシュテーエン
入浴する	baden	バーデン
歯をみがく	sich³ die Zähne putzen	ズィッヒ ツェーネ プッツェン
朝食をとる	frühstücken	フリューシュテュッケン
服を着る	sich⁴ an|ziehen	ズィッヒ アンツィーエン
化粧する	sich⁴ schminken	ズィッヒ シュミンケン
トイレに行く	zur Toilette gehen	ツア トアレッテ ゲーエン
掃除をする	reinigen	ライニゲン
戸締りをする	die Tür ab|schließen	ディ テュア アプシュリーセン
働く	arbeiten	アルバイテン
外出する	aus|gehen	アオスゲーエン
散歩する	spazieren	シュパツィーレン
昼食（夕食）をとる	zu Mittag(Abend) essen	ツー ミッターク(アーベント) エッセン
友人に電話をかける	einen Freund an|rufen	アイネン フロイント アンルーフェン
休憩する	eine Pause machen	アイネ パオゼ マッヘン
帰宅する	nach Hause kommen	ナーハ ハオゼ コメン
たばこを吸う	rauchen	ラオヘン
テレビを見る	fern|sehen	フェルンゼーエン
就寝する	ins Bett gehen	インス ベット ゲーエン
夢をみる	träumen	トロイメン

暮らす

第9章　暮らす

Leben

文章でも覚えよう！

Japanisch(ドイツ人用)
kishō suru きしょうする
nyūyoku suru にゅうよくする
ha o migaku はをみがく
chōshoku o toru ちょうしょくをとる
fuku o kiru ふくをきる
keshō suru けしょうする
toire ni iku といれにいく
sōji o suru そうじをする
tojimari o suru とじまりをする
hataraku はたらく
gaishutsu suru がいしゅつする
sampo suru さんぽする
chūshoku(yūshoku) o toru ちゅうしょく(ゆうしょく)をとる
yūjin ni denwa o kakeru ゆうじんにでんわをかける
kyūkē suru きゅうけいする
kitaku suru きたくする
tabako o sū たばこをすう
terebi o miru てれびをみる
shūshin suru しゅうしんする
yume o miru ゆめをみる

私は歯を磨く。

Ich putze mir die Zähne.

イヒ プッツェ ミア ディ **ツェ**ーネ

watashi wa ha o migaku.

私はすばやく着る。

Ich ziehe mich sofort an.

イヒ ツィーエ ミヒ ゾ**フォ**ルト アン

watashi wa subayaku kiru.

私は自分の部屋を掃除する。

Ich reinige mein Zimmer.

イヒ ライニゲ マイン **ツィ**マー

watashi wa jibun no heya o sōji suru.

私は夕方帰宅する。

Ich komme am Abend nach Hause zurück.

イヒ コメ アム **アー**ベント ナハ ハオゼ ツ**リュ**ック

watashi wa yūgata kitaku suru.

Leben

ホテル・アパートにて im Hotel, in der Wohnung

日本語	ドイツ語	カナ読み
トラブル	男 der Problem	デア プロブレーム
暑すぎる、熱すぎる	zu heiß	ツー ハイス
寒すぎる、冷たすぎる	zu kalt	ツー カルト
漏れている	es läuft aus	エス ロイフト アオス
開かない	es geht nicht auf	エス ゲート ニヒト アオフ
閉まらない	es geht nicht zu	エス ゲート ニヒト ツー
なくす	verlieren	フェアリーレン
出ない	es kommt nicht raus	エス コムト ニヒト ラオス
流れない	es fließt nicht	エス フリースト ニヒト
動かない	es bewegt sich nicht	エス ベヴェークト ズィヒ ニヒト
詰まっている［管が］	verstopft	フェアシュトップフト
切れている［電球が］	kaputt	カプット
壊れている	es ist kapput	エス イスト カプット
騒々しい	laut	ラオト
盗んだ	stehlen	シュテーレン
替える	wechseln	ヴェクセルン
悪臭	男 der Gestank	デア ゲシュタンク
停電	男 der Stromausfall	デア シュトローム・アウスファル
ブレーカー	女 die Leistungsschalter	ディ ライストゥングス・シャルダー
ボイラー	男 der Boiler	デア ボイラー

トラブル

第10章　トラブル

Probleme

文章でも覚えよう！

Japanisch (ドイツ人用)	
toraburu とらぶる	
atsu sugiru, atsu sugiru あつすぎる、あつすぎる	
samu sugiru, tsumeta sugiru さむすぎる、つめたすぎる	
morete iru もれている	
a kanai あかない	
shima ranai しまらない	
nakusu なくす	
de nai でない	
nagare nai ながれない	
ugo kanai うごかない	
tsumatte iru つまっている	
kirete iru きれている	
kowarete iru こわれている	
sōzōsī そうぞうしい	
nusunda ぬすんだ	
kaeru かえる	
akushū あくしゅう	
tēden ていでん	
burēkā ぶれーかー	
boirā ぼいらー	

鍵が閉まりません。

Der Schlüssel geht nicht zu.

デア シュ**リュ**ッセル ゲート ニヒト ツー

kagi ga shima rimasen.

隣の部屋が非常にうるさいです。

Der Nachbar ist zu laut.

デア ナハ**バ**ー イスト ツー **ラ**オト

tonari no heya ga hijō ni urusai desu.

トイレが詰まりました。

Die Toilette ist verstopft.

ディ トア**レ**ッテ イスト フェアシュ**ト**ップフト

toire ga tsumari mashita.

パスポートが盗まれた。

Mein Passport ist gestohlen worden.

マイン **パ**スポルト イスト ゲシュ**ト**ーレン ヴォアデン

pasupōto ga nusu mareta.

Probleme

薬 Medikamente

日本語	ドイツ語	カナ読み
薬	⊕ das Medikament	ダス メディカメント
錠剤	複 die Tabletten	ディ タブレッテン
薬局 [処方箋を取り扱う]	女 die Apotheke	ディ アポテーケ
ドラッグストア	女 die Drogerie	ディ ドロゲリー
処方箋	⊕ das Rezept	ダス レツェプト
副作用	女 die Nebenwirkung	ディ ネーベン・ヴィアクング
消化剤	⊕ das Verdauungsmittel	ダス フェアダオウングス・ミッテル
解熱剤	⊕ das Fiebermittel	ダス フィーバー・ミッテル
下剤	⊕ das Abführmittel	ダス アプフュア・ミッテル
鎮痛剤	⊕ das Schmerzmittel	ダス シュメルツ・ミッテル
鎮静剤	⊕ das Beruhigungsmittel	ダス ベルーイグングス・ミッテル
ビタミン剤	女 die Vitamintablette	ディ ヴィタミーン・タブレッテ
咳止め	⊕ das Hustenmittel	ダス フーステン・ミッテル
目薬 [点眼薬]	複 die Augentropfen	ディ アオゲン・トロップフェン
うがい薬	⊕ das Gurgelmittel	ダス グルゲル・ミッテル
塗り薬	女 die Salbe	ディ ザルベ
バンドエイド	⊕ das Pflaster	ダス プフラスター
包帯	男 der Verband	デア フェアバント
ガーゼ	女 die Gaze	ディ ガーゼ
体温計	⊕ das Thermometer	ダス テアモメーター

第10章　トラブル

Probleme

Japanisch (ドイツ人用)
kusuri くすり
jōzai じょうざい
yakkyoku やっきょく
doraggu sutoa どらっぐすとあ
shohōsen しょほうせん
fukusayō ふくさよう
shōkazai しょうかざい
genetsuzai げねつざい
gezai げざい
chintsūzai ちんつうざい
chinsēzai ちんせいざい
bitaminzai びたみんざい
sekidome せきどめ
megusuri めぐすり
ugaigusuri うがいぐすり
nurigusuri ぬりぐすり
bandoēdo ばんどえいど
hōtai ほうたい
gāze がーぜ
taionkē たいおんけい

文章でも覚えよう！

私はこの薬を1日に2回飲む。

Ich nehme dieses Medikament zweimal täglich.

イヒ ネーメ ディーゼス **メディ**カメント ツ**ヴァ**イマール テークリヒ

watashi wa kono kusuri o ichi-nichi ni ni-kai nomu.

解熱剤はありますか？

Haben Sie Fiebermittel ?

ハーベン ズィー **フィ**ーバー・ミッテル

genetsuzai wa ari masu ka ?

私は咳止めが必要だ。

Ich brauche Hustenmittel.

イヒ ブラオヘ **フ**ーステン・ミッテル

watashi wa sekidome ga hitsuyō da.

私は体温計で熱を計っている。

Ich messe das Fieber mit dem Thermometer.

イヒ **メ**ッセ ダス フィーバー ミット デム テアモ**メ**ーター

watashi wa taionkē de netsu o hakatte iru.

Probleme

病気・怪我・症状 ① Krankheit, Verletzung, Symptom ①

日本語	ドイツ語	カナ読み
病気の	krank	クランク
健康の	gesund	ゲズント
風邪	女 die Erkältung	ディ エアケルトゥング
インフルエンザ	女 die Grippe	ディ グリッペ
下痢	男 der Durchfall	デア ドゥルヒファル
便秘	女 die Verstopfung	ディ フェアシュトップフング
脳卒中	男 der Gehirnschlag	デア ゲヒアン・シュラーク
心筋梗塞	男 der Herzinfarkt	デア ヘアツ・インファクト
胃潰瘍	中 das Magengeschwür	ダス マーゲン・ゲシュヴューア
肝炎	女 die Hepatitis	ディ ヘパティティス
喘息	中 das Asthma	ダス アストマ
ガン	男 der Krebs	デア クレープス
エイズ	中 das Aids	ダス エイズ
糖尿病	女 die Zuckerkrankheit	ディ ツッカー・クランクハイト
高血圧	男 der hohe Blutdruck	デア ホーエ ブルート・ドルック
アレルギー	女 die Allergie	ディ アラギー
花粉症	男 der Heuschnupfen	デア ホイ・シュヌップフェン
腹痛	複 die Bauchschmerzen	ディ バオホ・シュメアツェン
歯痛	複 die Zahnschmerzen	ディ ツァーン・シュメアツェン
虫歯	女 die Karies	ディ カーリエス

トラブル

第10章　トラブル

Probleme

文章でも覚えよう！

Japanisch (ドイツ人用)
byōki no びょうきの
kenkō no けんこうの
kaze かぜ
infuruenza いんふるえんざ
geri げり
benpi べんぴ
nōsocchū のうそっちゅう
shinkin kōsoku しんきんこうそく
ikaiyō いかいよう
kan'en かんえん
zensoku ぜんそく
gan がん
eizu えいず
tōnyōbyō とうにょうびょう
kōketsuatu こうけつあつ
arerugī あれるぎー
kafunsho かふんしょう
fukutū ふくつう
shitū しつう
mushiba むしば

私は病気だ。

Ich bin krank.

イヒ ビン クランク

watashi wa byōki da.

私の娘は卵アレルギーです。

Meine Tochter hat Allergie gegen Eier.

マイネ トホター ハット アラギー ゲーゲン アイア

watashi no musume wa tamago arerugī desu.

私は風邪をひいている。

Ich habe eine Erkältung.

イヒ ハーベ アイネ エアケルトゥング

watashi wa kaze o hīte iru.

私は肝炎にかかっている。

Ich leide an Hepatitis.

イヒ ライデ アン ヘパティーティス

watashi wa kan'en ni kakatte iru.

Probleme

病気・怪我・症状 ② Krankheit, Verletzung, Symptom ②

日本語	ドイツ語	カナ読み
□ 疲れた	müde	ミューデ
□ 喉のかわき	男 der Durst	デア ドゥアスト
□ 怪我をする	sich³ ~verletzen	ズィヒ〜フェアレッツェン
□ 〜が痛い	weh|tun	ヴェートゥーン
□ 〜がかゆい	jucken	ユッケン
□ 気分が悪い	sich⁴ nicht wohl fühlen	ズィヒ ニヒト ヴォール フューレン
□ 熱	中 das Fieber	ダス フィーバー
□ 悪寒	男 der Schauder	デア シャウダー
□ めまい	女 die Schwindel	デア シュヴィンデル
□ しびれ	男 der Lähmung	ディ レームング
□ 吐き気	男 der Ekel	デア エーケル
□ 発作	男 der Anfall	デア アンファル
□ 失神	女 die Ohnmacht	ディ オーンマハト
□ 腫れ	女 die Schwellung	ディ シュヴェルング
□ 虫さされ	男 der Insektenstich	デア インゼクテン・シュティッヒ
□ 骨折	男 der Knochenbruch	デア クノッヘン・ブルッフ
□ 脱臼	男 die Verrenkung	ディ フェアレンクング
□ ねんざする	sich³ verstauchen	ズィヒ フェアシュタオヘン
□ やけど	女 die Brandwunde	ディ ブラントヴンデ
□ 出血	女 die Blutung	ディ ブルートゥング

トラブル

第10章　トラブル

Probleme

Japanisch（ドイツ人用）

tukareta	つかれた
nodo no kawaki	のどのかわき
kega o suru	けがをする
~ ga itai	～がいたい
~ ga kayui	～がかゆい
kibun ga warui	きぶんがわるい
netu	ねつ
okan	おかん
memai	めまい
shibire	しびれ
hakike	はきけ
hossa	ほっさ
sissin	しっしん
hare	はれ
mushi sasare	むしさされ
kossetsu	こっせつ
dakkyū	だっきゅう
nenza suru	ねんざする
yakedo	やけど
shukketu	しゅっけつ

文章でも覚えよう！

私は腕にけがをした。

Ich habe mir den Arm verletzt.

イヒ ハーベ ミア デン **ア**ルム フェアレツト

watashi wa ude ni kega o shita.

私は気分が悪い。

Ich fühle mich nicht wohl.

イヒ **フュー**レ ミヒ **ニ**ヒト ヴォール

watashi wa kibun ga warui.

昨日の夜から熱がある。

Ich habe seit gestern Abend Fieber.

イヒ **ハー**ベ ザイト **ゲ**スターン アーベント フィーバー

kinō no yoru kara netsu ga aru.

彼女は顔が腫れている。

Ihr Gesicht schwellt.

イア ゲ**ズィ**ヒト シュヴェルト

kanojo wa kao ga harete iru.

病院で im Krankenhaus

日本語	ドイツ語	カナ読み
□ 病院	⊕ das Krankenhaus	ダス ク**ラ**ンケン・ハオス
□ 家庭医 ［男／女］	男 der Hausarzt 女 die Hausärztin	デア **ハ**オス・アールツト ディ **ハ**オス・エアツティン
□ 受付	女 die Anmeldung	ディ **ア**ンメルドゥング
□ 診察時間	女 die Sprechstunde	ディ シュプ**レ**ッヒ・シュトゥンデ
□ 診察を受ける	sich^4 untersuchen lassen	ズィヒ ウンター**ズ**ーヘン ラッセン
□ 治療	女 die Behandlung	ディ ベ**ハ**ンドルング
□ 入院する	ins Krankenhaus kommen	インス ク**ラ**ンケンハオス コメン
□ 症状	⊕ das Symptom	ダス ズュンプ**ト**ーム
□ 内科	女 die Innere Medizin	ディ **イ**ンネレ メディ**ツィ**ーン
□ 外科	女 die Chirurgie	ディ ヒルル**ギ**ー
□ 婦人科	女 die Gynäkologie	ディ ギュネコロ**ギ**ー
□ 耳鼻咽喉科	女 die HNO-Heilkunde	ディ ハー・エヌ・**オ**ー・ハイルクンデ
□ 眼科	女 die Augenheilkunde	ディ **ア**オゲン・ハイルクンデ
□ 歯科 ［歯科医 男／女］	男 der Zahnarzt 女 die Zahnärztin	デア **ツァ**ーン・アーツト ディ **ツァ**ーン・エアツティン
□ 患者 ［男／女］	男 der Patient 女 die Patientin	デア パティ**エ**ント ディ パティ**エ**ンティン
□ 予防接種	女 die Schutzimpfung	ディ **シュッ**ツ・イムプフング
□ 診断書	⊕ das Attest	ダス ア**テ**スト
□ 検査	女 die Untersuchung	ディ ウンター**ズ**ーフング
□ 手術	女 die Operation	ディ オペラツィ**オ**ーン
□ 疾病保険	女 die Krankenversicherung	ディ ク**ラ**ンケン・フェアズィッヒェルング

トラブル

第10章　トラブル

Probleme

文章でも覚えよう！

Japanisch (ドイツ人用)	
byōin	びょういん
katēi	かてい
uketsuke	うけつけ
shinsatsu jikan	しんさつじかん
shinsatsu o ukeru	しんさつをうける
chiryō	ちりょう
nyūin suru	にゅういんする
shōjō	しょうじょう
naika	ないか
geka	げか
fujinka	ふじんか
jibiinkōka	じびいんこうか
ganka	がんか
shika	しか
kanja	かんじゃ
yobō sesshu	よぼうせっしゅ
shindansho	しんだんしょ
kensa	けんさ
shujutsu	しゅじゅつ
shippē hoken	しっぺいほけん

今日はシュミット先生の診察はありますか？

Hat Dr. Schmitt heute Sprechstunde ?

ハット ドクター **シュ**ミット ホイテ シュプ**レッ**ヒ・シュトゥンデ

kyō wa shumittosensē no shinsatsu wa ari masu ka ?

私は外科で診てもらう。

Ich lasse mich von der Chirugie untersuchen.

イヒ ラッセ ミヒ フォン デア ヒルル**ギ**ー ウンター**ズ**ヘン

watashi wa geka de mite morau.

私は治療中だ。

Ich bin in ärztlicher Behandlung.

イヒ ビン イン **エ**ーアツトリヒァ ベ**ハ**ンドルング

watashi wa chiryōchū da.

私は歯医者に行く。

Ich gehe zum Zahnarzt.

イヒ ゲーヘ ツム **ツァ**ーン・アールツト

watashi wa haisha ni iku.

Probleme

犯罪 Kriminalität

日本語	ドイツ語	カナ読み
犯罪	⊕ das Verbrechen	ダス フェアブレッヘン
警察	囡 die Polizei	ディ ポリツァイ
交番	囡 die Polizeiwache	ディ ポリツァイ・ヴァッヘ
警官 [男／女]	男 der Polizist 囡 die Polizistin	デア ポリツィスト ディ ポリツィスティン
犯人 [男／女]	男 der Täter 囡 die Täterin	デア テーター ディ テーテリン
逮捕する	verhaften	フェアハフテン
罰金	囡 die Geldstrafe	ディ ゲルト・シュトラーフェ
泥棒 [男／女]	男 der Dieb 囡 die Diebin	デア ディープ ディ ディービン
盗難証明書	男 der Diebstahlsbericht	デア ディープ・シュタール・ベリヒト
殺人	男 der Mord	デア モアト
痴漢	男 der Grabscher	デア グラプシャー
レイプ	囡 die Vergewaltigung	ディ フェアゲヴァルティグング
麻薬	囡 die Droge	ディ ドローゲ
詐欺	男 der Betrug	デア ベトルーク
襲う	überfallen	ユーバーファレン
脅かす	bedrohen	ベドローエン
誘拐	囡 die Entführung	ディ エントフュールング
テロ	男 der Terror	デア テロア
暴行	囡 die Gewalttat	ディ ゲヴァルト・タート
日本大使館	囡 die japanische Botschaft	ディ ヤパーニッシェ ボート・シャフト

トラブル

第10章　トラブル

Probleme

Japanisch (ドイツ人用)

hanzai	はんざい
kēsatsu	けいさつ
kōban	こうばん
kēkan	けいかん
han'nin	はんにん
taiho suru	たいほする
bakkin	ばっきん
dorobō	どろぼう
tōnan shōmēsho	とうなんしょうめいしょ
satsujin	さつじん
chikan	ちかん
rēpu	れいぷ
mayaku	まやく
sagi	さぎ
osou	おそう
odokasu	おどかす
yūkai	ゆうかい
tero	てろ
bōkō	ぼうこう
nihon taishikan	にほんたいしかん

文章でも覚えよう！

泥棒！

Ein Dieb !

アイン ディープ

dorobō !

私は襲われました。

Ich wurde überfallen.

イヒ ヴルデ ユーバーファレン

watashi wa osoware mashita.

その男が私を脅しました。

Der Mann hat mich bedroht.

デア マン ハット ミヒ ベドロート

sono otoko ga watashi o odoshi mashita.

日本大使館はどこにありますか？

Wo ist die japanische Botschaft ?

ヴォー イスト ディ ヤパーニッシェ ボート・シャフト

nihon taishikan wa doko ni ari masu ka ?

事故 Unfälle

日本語	ドイツ語	カナ読み
事故	男 der Unfall	デア ウンファル
交通事故	男 der Verkehrsunfall	デア フェアケーアス・ウンファル
自動車事故	男 der Autounfall	デア アオト・ウンファル
火事	中 das Feuer	ダス フォイアー
緊急	男 der Notfall	デア ノートファル
警報	男 der Alarm	デア アラーム
大惨事	女 die Katastrophe	ディ カタストローフェ
救急車	男 der Krankenwagen	デア クランケン・ヴァーゲン
消防隊	女 die Feuerwehr	ディ フォイアー・ヴェア
衝突	男 der Zusammenstoß	デア ツザメン・シュトース
落下する	fallen	ファレン
爆発する	explodieren	エクスプロディーレン
墜落する	ab|stürzen	アップシュテュルツェン
死亡する	sterben	シュテアベン
行方不明の	vermisst	フェアミスト
避難する	flüchten	フリュヒテン
救助する	retten	レッテン
応急手当	die erste Hilfe	ディ エアステ ヒルフェ
捜索する	durchsuchen	ドルヒズーヘン
旅行保険	女 die Reiseversicherung	ディ ライゼ・フェアズィッヒェルング

トラブル

第10章　トラブル

Probleme

文章でも覚えよう！

Japanisch (ドイツ人用)	
jiko	じこ
kōtsū jiko	こうつうじこ
jidōsha jiko	じどうしゃじこ
kaji	かじ
kinkyū	きんきゅう
kēhō	けいほう
daisanji	だいさんじ
kyūkyūsha	きゅうきゅうしゃ
shōbōtai	しょうぼうたい
shōtotsu	しょうとつ
rakka suru	らっかする
bakuhatsu suru	ばくはつする
tsuiraku suru	ついらくする
shibō suru	しぼうする
yukuefumē no	ゆくえふめいの
hinan suru	ひなんする
kyujo suru	きゅうじょする
ōkyū teate	おうきゅうてあて
sōsaku suru	そうさくする
ryokō hoken	りょこうほけん

私は事故に遭った。

Ich hatte einen Unfall.

イヒ ハッテ アイネン **ウ**ンファル

watashi wa jiko ni atta.

救急車を呼んでください。

Rufen Sie bitte den Krankenwagen !

ルーフェン ズィー ビッテ デン ク**ラ**ンケン・ヴァーゲン

kyūkyūsha o yonde kudasai.

私は階段から落ちた。

Ich bin von der Treppe gefallen.

イヒ ビン フォン デア ト**レ**ッペ ゲ**ファ**レン

watashi wa kaidan kara ochita.

飛行機が墜落した。

Der Flugzeug ist abgestürzt.

デア フルーク・ツォイク イスト **ア**ップゲシュテュアツト

hikōki ga tsuiraku shita.

地名　Ortsname

日本語	ドイツ語	カナ読み
ドイツ	⊕ Deutschland	ドイチュラント
ベルリン	⊕ Berlin	ベアリーン
ハンブルク	⊕ Hamburg	ハンブルク
ミュンヘン	⊕ München	ミュンヒェン
ケルン	⊕ Köln	ケルン
フランクフルト	⊕ Frankfurt	フランクフルト
エッセン	⊕ Essen	エッセン
ドルトムント	⊕ Dortmund	ドアトムント
シュトゥットガルト	⊕ Stuttgart	シュトゥットガルト
デュッセルドルフ	⊕ Düsseldorf	デュッセルドルフ
ブレーメン	⊕ Bremen	ブレーメン
ハノーファー	⊕ Hannover	ハノーファー
ニュルンベルク	⊕ Nürnberg	ニュアンベルク
ライプツィヒ	⊕ Leipzig	ライプツィヒ
ドレースデン	⊕ Dresden	ドレースデン
コブレンツ	⊕ Koblenz	コブレンツ
ボン	⊕ Bonn	ボン
アーヘン	⊕ Aachen	アーヘン
ハイデルベルク	⊕ Heidelberg	ハイデルベアク
マンハイム	⊕ Mannheim	マンハイム

地名

Ortsname

日本語	ドイツ語	カナ読み
バンベルク	⊕ Bamberg	**バ**ンベアク
バイロイト	⊕ Bayreuth	バイ**ロイ**ト
バーデン・バーデン	⊕ Baden-Baden	**バ**ーデン・**バ**ーデン
フライブルク	⊕ Freiburg	フ**ラ**イブアク
マイセン	⊕ Meißen	**マ**イセン
マールブルク	⊕ Marburg	**マ**ーブルク
カッセル	⊕ Kassel	**カ**ッセル
ゲッティンゲン	⊕ Göttingen	**ゲ**ッティンゲン
ハーメルン	⊕ Hameln	**ハ**ーメルン
リューベック	⊕ Lübeck	**リュー**ベック
ワイマール	⊕ Weimar	**ヴァ**イマー
ポツダム	⊕ Potsdam	**ポ**ツダム
レーゲンスブルク	⊕ Regensburg	**レ**ーゲンスブアク
アウグスブルク	⊕ Augsburg	**ア**オクスブアク
ローテンブルク	⊕ Rothenburg	**ロ**ーテンブアク
トリーア	⊕ Trier	ト**リ**ーア
オーストリア	⊕ Österreich	**エ**ースターライヒ
スイス	⊗ Schweiz	**シュ**ヴァイツ
ルクセンブルク	⊕ Luxemburg	**ル**クセンブルク
ベルギー	⊕ Belgien	**ベ**ルギエン

Ortsname

日本語	ドイツ語	カナ読み
オランダ	㊛ Niederlande	ニーダーランデ
スウェーデン	⊕ Schweden	シュヴェーデン
ノルウェー	⊕ Norwegen	ノアヴェーゲン
フランス	⊕ Frankreich	フランクライヒ
イタリア	⊕ Italien	イターリエン
スペイン	⊕ Spanien	シュパーニエン
ギリシャ	⊕ Griechenland	グリーヒェンラント
トルコ	㊛ Türkei	テュアカイ
チェコ	⊕ Tschechien	チェッヒェン
ポーランド	⊕ Polen	ポーレン
ロシア	⊕ Russland	ルスラント
中国	⊕ China	ヒーナ
日本	⊕ Japan	ヤーパン
韓国	⊕ Korea	コレア
タイ	⊕ Thailand	タイラント
アメリカ	⊕ Amerika	アメーリカ
カナダ	⊕ Kanada	カナダ
ブラジル	⊕ Brasilien	ブラズィーリエン
オーストラリア	⊕ Australien	アオストラーリエン
エジプト	⊕ Ägypten	エギュプテン

地名

地名

Ortsname

ドイツの地図と概要

正式名称	ドイツ連邦共和国（Bundesrepublik Deutschland）
首都	ベルリン（Berlin）

面積	357,376km^2
人口	8177万人（2015年）
通貨	ユーロ（通貨記号：€）

さくいん

あ

アーヘン	196
挨拶する	32
アイスクリーム	124
アイスバイン	120
アイスホッケー	144
愛する	152
相手をする	32
アイロン	158
会う	32
アウェイ	146
アウグスブルク	197
アウトバーン	100
会う約束	32
青の	42
開かない	182
赤の	42
赤ワイン	122
赤ん坊	22
秋	68
悪臭	182
アクセスする	162
アクセスポイント	162
アクセルを踏む	102
あくび	90
あご	74
朝	62
あさって	70
脚	78
足	78
足の裏	78
明日	70
アスパラガス料理	120
汗	90
遊ぶ	150
与える	84
暖かい	40
頭	74
新しい	34
厚い	34
暑い	40
厚かましい	24
暑すぎる	182
熱すぎる	182
アップロードする	162
アドヴェント	72
あとで	64
〜の後に	64
あなたがたは	18
あなたの方はいかがですか？	16
あなたは	18
兄	20
アニメ	154
姉	20
アヒル	44
油	126
脂っこい	126
甘い	126
雨傘	138
あまりよくありません	16
網で焼く	126
雨が降る	40
アメリカ	198
荒い	34
嵐	40
あられ	40
アリ	44
ありがとう	16
ありがとうございます	16
アルバイト	174
アレルギー	186
アロマセラピー	148
淡い	42
安価な	134
暗証番号	170
アンチエージング	148
案内	140

い

胃	78
いいえ	30
いいえ、結構です	30
いい加減な	24
言う	82
家	110
胃潰瘍	186
〜行きの切符	96
行く	82
医者	26
椅子	114
イスラム教	52
遺跡	140
以前	64
急いでいる	84
忙しい	88
いためる	126
イタリア	198
1	56
1億	58
1月	66
位置している	38
1度	60
1日券	98
一日中	68
市場	104
1番目の	60
1万	58
いつ	28
1回	60
いつから	28
一戸建て	110
一昨年	70
1週間定期券	98
１０００万	58
1等	96
一方通行	100
いつまで	28

いつも	36, 64	海	178	往復切符	96
田舎風オムレツ	120	占い	154	オウンゴール	146
犬	44	うれしい	88	終える	84
いびき	90	浮気する	152	ＯＳ	160
イブニングドレス	136	運送	168	大きい	34
今	64	うんち	90	オーストラリア	198
居間	112	運賃	98	オーストリア	197
妹	20	運転手	102	オートバイ	94
イヤリング	138	運転する	102	オープン	158
〜以来	64	運転免許証	102	オーブンで焼く	126
陰気な	24			大晦日	72
インクカートリッジ	160	え		大家	110
インスタレーション	142	エアコン	108	お買い得な	134
インターチェンジ	100	エアロビクス	148	おかげさまで、ありがとう	16
インターネット	162	映画	142	悪寒	188
インターネットカフェ	162	映画館	142	置く	84
インフルエンザ	186	映画スター	154	オクトーバーフェスト	140
		営業時間	132	贈り物	32
う		エイズ	186	贈り物をする	32
ウイルス	162	エーデルワイス	46	遅れ	98
ウィンドウズ	160	駅［鉄道の］	96	お元気ですか？	16
ウール	134	駅［地下鉄の］	98	怒る	88
ウェイター	116	エコノミークラス	92	おごる	150
ウェイトレス	116	エコマーク	178	お酒	122
上に	38	エコロジー	178	おじ	20
上の方に	38	エジプト	198	教える	172
うがい薬	184	エステ	148	おしっこ	90
受付	190	ＳＤカード	160	おしゃべりする	32
受取人	168	枝	46	おしゃれな	134
動かす	84	エッセン	196	お勧めする	116
動かない	182	エネルギー	178	遅い	64
ウサギ	44	エラー	162	襲う	192
牛	44	得る	84	落ち着いた	88
失う	84	エレベーター	108	夫	20
後ろに	38	円	170	弟	20
薄い	34	演劇	142	脅かす	192
渦巻き型アップルパイ	131	エンジーノ	26	おととい	70
歌う	150	えんどう豆のスープ	120	大人	22
美しい	80			踊る	150
うで	76	お		驚いた	88
腕時計	138	追い越し車線	100	おなら	90
うなじ	76	おいしい	118	オニオン入りケーキ	120
馬	44	応急手当	194	お願いする	84

Index (Japanese → German)

日本語	ページ
おば	20
おはよう	16
お久しぶりです	16
オペラ	142
重い	34
思い出す	86
思う	86
おやすみなさい	16
おやつ	118
オランダ	198
オリジナル	132
オレンジの	42
愚かな	24
音楽	154
温泉施設	148

か

日本語	ページ
蚊	44
ガーゼ	184
カーディガン	136
ガーデニング	154
カーテン	114
カーニバル	72
カーペット	114
ガールフレンド	152
外交	50
解雇する	176
会社	176
会社員	26
外出する	180
回数券	98
〜が痛い	188
階段	108
会長	176
ガイド	140
カイロプラクティク	148
買う	132
カエル	44
替える	182
顔	74
かかと	78
鏡	114
〜がかゆい	188
鍵	106
書留	168
嗅ぐ	86
家具	114
家具付きの	110
掛け布団	114
過去	64
かさばった	34
カシ	46
火事	194
菓子店	130
カジノ	150
ガス	110
風邪	186
稼ぐ	176
風の強い	40
家族	20
ガソリン	102
ガソリンスタンド	102
肩	76
型	132
硬い	34
片思い	152
片道切符	96
がっかりした	88
カッコいい！	150
カッセル	197
カッテージチーズ	124
カップ	118
家庭医	190
角	104
カトリック	52
カトリックの	52
悲しい	88
カナダ	198
かなり	36
彼女 [恋人]	152
彼女は	18
下半身	78
花瓶	114
カフェ	116
花粉症	186
壁	112
〜が欲しいのですが	30
神	52
髪	74
雷	40
カメラ	158
カメラマン	26
〜かもしれない	54
火曜日	66
〜から	62
辛い	126
カラオケ	150
カラス	44
身体	76
カラフルな	42
軽い	34
カレイのフライ	120
ガレージ	112
彼氏	152
彼は	18
彼らは	18
カレンダー	70
皮	134
川	178
かわいい	80
為替レート	170
ガン	186
肝炎	186
眼科	190
考える	86
環境	178
環境保護	178
関係	22
観光案内所	140
韓国	198
看護師	26
患者	190
感じる	86
関心	32
肝臓	78
元旦	72
乾電池	158
監督	146
管理人	110

き

語	ページ
木	46
ギア	102
キー	160
キーボード	160
黄色の	42
キオスク	130
気温	40
気がつく	86
企業	176
聞く	86
気候	40, 48
記事	166
起床する	180
キスする	152
季節	68
北	38
期待する	88
帰宅する	180
喫煙	108
喫煙車	96
キックオフ	146
切手	168
気にしないで下さい	16
記念日	72
昨日	70
気分が悪い	188
希望する	88
君たちは	18
黄緑色の	42
君は	18
客	32
華奢な	80
キャプテン	146
キャベツ	128
キャンピング	154
キャンピングカー	94
キャンプ場	140
9	56
休暇	176
休暇日	72
救急車	194
休憩する	180
急行列車	96
旧市街	104
90	58
救助する	194
求人	174
宮殿	140
牛肉	128
牛乳	122
旧約聖書	52
給料	176
今日	70
教育	172
教授	172
享受する	86
兄弟姉妹	20
共同の	108
興味がある	88
業務	176
嫌う	88
ギリシャ	198
キリスト教	52
キリストの昇天祭	72
霧もようの	40
キレイ！	150
切れている	182
金色の	42
銀色の	42
禁煙	108
緊急	194
銀行	170
近郊電車	94
近所づきあい	22
筋肉	76
冷たい	24
勤勉な	24
金曜日	66

く

語	ページ
9	56
空港	92
空腹である	118
9月	66
草	46
櫛	156
くしゃみ	90
苦情	132
薬	184
果物	128
果物屋	130
口	74
唇	74
靴	136
クッション	114
靴店	130
口説く	152
国	48
国番号	164
首	76
クモ	44
曇りの	40
クラクションをならす	102
クラシック音楽	142
グラス	118
クラッチ	102
グラフィックアート	142
クリーニング屋	130
クリスマス	72
クリスマス・イヴ	72
クリスマスマーケット	140
来る	82
くるぶし	78
クルミの木	46
グレーの	42
クレジットカード	132
クローク	150
黒の	42
黒パン	124
黒ビール	122

け

語	ページ
経営者	174
警官	192
経験する	86
経済	48
警察	192

Index (Japanese → German)

203

計算機	158			ゴール	146
芸術家	26	**こ**		語学学校	172
携帯電話	164			5月	66
兄弟姉妹	20	5	56	呼吸	90
警報	194	濃い［色］	42	国営放送	166
軽量小包	168	濃い［味が］	126	国際線	92
ケーキ	124	恋に落ちる	152	国際電話	164
ケーブルカー	94	コインランドリー	106	国内線	92
ケーブルテレビ	166	公園	140	国民	48
外科	190	硬貨	170	コケ	46
怪我をする	188	号外	166	午後	62
劇場	142	高価な	134	ココア	122
下剤	184	工業国	50	ここに	38
景色	140	航空会社	92	腰	78
消しゴム	156	航空券	92	50	58
下旬	68	航空便	168	故障	102
化粧する	180	工芸	142	コショウ	126
月刊誌	166	高血圧	186	午前	62
月経	90	口座	170	答える	84
結婚する	152	交差点	104	こちらへ	38
けっして	36	口座番号	170	国家	48
ゲッティンゲン	197	仔牛肉	128	国会	50
げっぷ	90	仔牛肉のカツレツ	120	国家元首	48
月末	70	降車口	98	骨折	188
月曜日	66	降車する	98	小包	168
解熱剤	184	公衆電話	164	今年	70
下痢	186	公衆トイレ	104	子供	20
ケルン	196	工場	176	好む	88
喧嘩	152	交代	146	コブレンツ	196
玄関	112	交替制	174	コマーシャル	166
謙虚な	24	紅茶	122	ごみ	178
現金	132	好調です	16	ゴミ袋	156
言語	48	交通	100	小麦・ライ麦混合パン	124
健康食品	148	交通違反	100	米	128
健康の	186	交通規則	100	ごめんなさい	16
検査	190	交通事故	194	5ユーロ9セント	58
現在	64	高等学校	172	雇用者	174
検索する	162	後半	146	ゴルフ	144
建築	142	交番	192	これから	64
建築家	26	公務員	26	コレクション	154
憲法	50	小売店	130	これは～ですか？	28
倹約的な	24	コート	136	これまで	64
権力	50	コーヒー	122	壊れている	182
		コーラ	122		

今月	70	
コンサート	142	
コンシェルジュ	106	
今週	70	
コンセント	158	
昆虫	44	
こんにちは	16	
コンパートメント	96	
こんばんは	16	
婚約者	22	

さ

サーバー	162
サーフィン	144
サイクリング	154
最新の	134
サイズ	136
サイト	162
財布	138
サイン	170
サウナ	148
探す	84
魚屋	130
魚料理	116
詐欺	192
昨年	70
桜	46
差出人	168
座席	98
座席指定券	96
〜させる	54
札入れ	138
サッカー	144
さっき	64
雑誌	166
殺人	192
サッハートルテ	124
砂糖	126
寂しい	88
寒い	40
寒すぎる	182
さようなら	16
さようなら[電話の場合]	164

皿	118
〜される	54
ザワークラウト	120
〜さん	18
3	56
3回	60
三角の	34
3月	66
産業	48
残業	176
サングラス	138
30	58
31番目の	60
3食付宿泊	106
3.14	60
3度	60
サンドイッチ	120
残念ですが	30
3倍	60
3番目の	60
3分の1	60
散歩	154
散歩する	180

し

〜氏	18
4	56
時	62
〜時〜分です	62
試合	144
幸せな	88
シーツ	114
CD・ROM	160
シートベルト	100
CPU	160
シーフード	128
寺院	52
シェーバー	156
塩	126
塩辛い	126
歯科	190
市街地図	140
市外通話	164

資格	174
四角の	34
4月	66
自家用車	94
時間	62
試験	172
事故	194
時刻表	96
〜時ごろ	62
時差	64
〜時15分です	62
私書箱	168
自然	178
自然療法	148
〜した	54
舌	74
〜したい	54
〜したいのですが	30
下着	136
〜したくない	54
下に	38
下の方に	38
7	56
7月	66
試着する	136
質	132
歯痛	186
失業している	176
失神	188
嫉妬	152
湿度	40
疾病保険	190
質問する	84
実用的な	134
室料	106
失恋	152
〜していいですか	30
指定席	142
〜してはいけない	54
〜してもよい	54
〜してもらう	54
自転車	94
自動車	94

索引（日本語→ドイツ語）

自動車事故	194	
自動車修理工場	102	
自動車登録証	100	
市内通話	164	
～しなければならない	54	
～時に	62	
しばしば	36	
支払う	116, 132	
～時半です	62	
耳鼻咽喉科	190	
しびれ	188	
紙幣	170	
司法	50	
死亡する	194	
～しましょうか？	28	
閉まらない	182	
しみ	74	
地味な	134	
湿った	40	
ジャーナリスト	26	
ジャーナリズム	166	
ジャーマンポテト	120	
社会保障	48	
ジャガイモ	128	
借家人	110	
ジャケット	136	
車検	100	
車掌	96	
写真	154	
社長	176	
しゃっくり	90	
謝肉祭	72	
ジャム	124	
車両	98	
シャワー	108	
シャンプー剤	156	
州	48	
週	68	
10	56	
11	56	
11月	66	
10月	66	
週刊誌	166	
19	56	
週休二日制	174	
住居	110	
宗教	52	
従業員	176	
15	56	
13	56	
14	56	
就寝する	180	
ジュース	122	
充電器	158	
充電池	158	
シュート	146	
柔道	144	
17	56	
12	56	
12月	66	
宗派	52	
18	56	
10番目の	60	
秋分	72	
十分な	36	
週末	70	
10万	58	
14	56	
16	56	
儒教	52	
授業	172	
祝祭日	72	
宿題	172	
宿泊する	106	
手術	190	
首相	50	
受信する	162	
出血	188	
出国審査	92	
出張	176	
出発する	96	
首都	48	
シュトゥットガルト	196	
主夫	26	
主婦	26	
シュペツレ	120	
準備ができている	84	
紹介する	32	
消化剤	184	
小学校	172	
乗客	98	
正午	62	
錠剤	184	
上司	22	
乗車口	98	
乗車券	98	
乗車券販売所	96	
乗車する	98	
上旬	68	
少女	22	
症状	190	
省庁	50	
商店	130	
～しようとしている	54	
～しようとしない	54	
衝突	194	
小ドライブ	154	
商人	26	
少年	22	
乗馬	144	
上品な	134	
消防隊	194	
照明	114	
ジョギング	148	
食堂	116	
食堂車	96	
職人	26	
植物	46	
植物園	140	
食欲	118	
諸経費	110	
女性	18	
ジョッキ	118	
食器洗い機	158	
食器用洗剤	156	
書店	130	
所得税	176	
上半身	76	
処方箋	184	

ショルダーバック	138	スイートルーム	108	**せ**	
～時４５分です	62	水泳	154	姓	18
尻	78	推察する	86	性格	24
知り合う	32	スイス	197	税関	92
知りません	30	スイセン	46	税関申告書	92
知る	86	水道	110	性器	78
司令塔	146	水曜日	66	税金	50
城	140	スウェーデン	198	聖金曜日	72
白の	42	スーツ	136	精算	106
白ワイン	122	スーツケース	92	政治	50
心筋梗塞	186	スーパーマーケット	130	政治家	26
シングルルーム	108	スカート	136	政治形態	48
神経	76	スキー	144	聖	52
信仰	52	スキャナー	160	せいぜい	36
人口	48	少なくとも	36	生徒	172
診察時間	190	すぐに	64	政党	50
診察を受ける	190	少し	36	生年月日	72
紳士	18	涼しい	40	政府	50
寝室	112	酢漬けの巻きニシン	120	セーター	136
紳士服	136	ずっと	64	セーフティーボックス	108
新車	100	すっぱい	126	世界チャンピオン	146
信じる	86	すでに	64	世界文化遺産	140
親戚	20	ステレオ	158	背が高い	80
親切な	24	ストライプの	134	背が低い	80
心臓	78	スパ	148	せき	90
腎臓	78	スピリッツ	122	咳止め	184
診断書	190	スプーン	118	セックスする	152
新築	110	スペイン	198	石鹸	156
身長	80	スポーツ	144	背中	76
神道	52	スポーツマンタイプ	80	０	56
進入禁止	100	スマートフォン	164	０．７	60
新年	70	すみません	16	１０００	58
審判	146	相撲	144	１９９１年	58
新婦	22	する	82	選挙	50
新聞	166	ずるい	24	先月	70
新約聖書	52	～する気がある	32	選手	144
親友	22	～するだけでいい	54	先週	70
信頼できる	24	～するつもりだ	54	先生	172
森林	178	～する必要はない	54	戦争	50
新郎	22	～するべきだ	54	喘息	186
す		～するべきではない	54	洗濯屋	130
		座っている	82		
酢	126	座る	82	洗濯用洗剤	156

索引（日本語→ドイツ語）

セント	170
セントラルヒーティング	112
先発	146
前半	146
専門学校	172
専門店	130
全粒粉パン	124

そ

走行車線	100
捜索する	194
掃除機	158
掃除をする	180
送信する	162
騒々しい	182
想像する	86
ソーセージ	128
速達	168
速度	100
そこに	38
そちらへ	38
卒業する	172
ソックス	136
外で	38
そのとおりです	30
祖父	20
ソファー	114
祖父母	20
祖母	20
それは違います	30
それは無理です	30

た

タイ	198
第一印象	60
第一歩	60
ダイエット	148
体温計	184
大学	172
大学生	172
太極拳	148
第九交響曲	60
滞在する	82
大惨事	194
体重	80
大衆紙	166
退職金	176
退職する	176
大臣	50
体操	144
大統領	50
台所	112
第二次世界大戦	60
ダイニング	112
台風	40
逮捕する	192
タイヤ	102
太陽	178
太陽電池	178
ダウンロードする	162
タオル	156
高い	34
たくさん	36
タクシー	94
タクシー乗り場	94
宅配便	168
たくましい	80
助ける	84
立ち見席	142
卓球	144
脱臼	188
立っている	82
立てておく	82
たばこ	156
たばこを吸う	180
ダブルルーム	108
食べる	118
卵	128
誰が	28
だれかが	18
誰に	28
誰の	28
誰を	28
〜だろう	54
炭酸入りミネラルウォーター	122
誕生日	72
淡色ビール	122
男性	18
短髪の	80
暖房	114

ち

血	76
小さい	34
チーズ	124
チーズケーキ	124
チーム	146
チェコ	198
チェス	154
チェックアウトする	106
チェックインカウンター	92
チェックインする	106
チェックの	134
知覚する	86
地下室	112
地下鉄	98
痴漢	192
知人	22
父	20
チップ	116
知的な	24
乳房	76
地方自治	50
茶色の	42
チャンネル	166
中央分離帯	100
中学校	172
中継放送	166
中国	198
中古車	100
中古の	110
駐車場	102
駐車する	102
中旬	68
昼食	118
昼食をとる	180
中心街	104
注文する	116

チューリップ	46	定期券	98	添付ファイル	162
朝食	118	定休日	132	展望塔	140
朝食をとる	180	ディスコ	150	展覧会	142
長髪の	80	停電	182	電話	164
貯金	170	丁寧な	32	電話帳	164
治療	190	デート	152	電話番号	164
賃金	176	テーブル	114	電話ボックス	104
鎮静剤	184	手紙	168	電話をかける	164
賃貸契約	110	敵	22		
賃貸マンション	110	～できない	54	**と**	
鎮痛剤	184	～できる	54	～度	40
		出口	100	ドア	112
つ		手首	76	～という噂だ	54
墜落する	194	デザイナー	26	ドイツ	196
ツインルーム	108	デザイン	132	ドイツ・シャンペン	122
通帳	170	手数料	170	ドイツ人	18
通訳	26	鉄	134	ドイツ鉄道	96
通話	164	徹夜する	150	ドイツ統一の日	72
使う	84	出ない	182	ドイツポスト	168
疲れた	188	テニス	144	ドイツ料理	116
つかんでいる	84	手荷物	92	トイレ	108
月	68	手のひら	76	トイレットペーパー	156
～付き	108	デパート	130	トイレに行く	180
次の停車駅	98	手袋	138	どういたしまして	16
次の停留所	98	デュッセルドルフ	196	同行する	32
作る	82	テレビ	108	搭乗ゲート	92
ツツジ	46	テレビ局	166	搭乗券	92
つば	90	テレビゲーム	154	到着する	96
妻	20	テレビを見る	180	どうでもいい	30
詰まっている	182	テレホンカード	164	盗難証明書	192
つめ	76	テロ	192	糖尿病	186
爪きり	156	店員	26	動物	44
冷たすぎる	182	点眼薬	184	透明な	42
釣り	154	天気	40	同僚	22
つり銭	132	電気	110	道路標識	100
		電気スタンド	158	通り	101
て		電気店	130	ときどき	36
手	76	電球	158	読書	154
出会い	152	天気予報	40	どこから	28
ＤＪ	150	電車	94	どこで	28
Ｔシャツ	136	天井	112	どこへ	28
ＤＶＤプレーヤー	158	電子レンジ	158	登山	144
庭園	140	伝統的な	134	戸締りをする	180

Index (Japanese → German)

日本語	ページ
特急列車	96
とても	36
トナー	160
どの	28
徒歩で	104
止める	82
土曜日	66
～と呼ばれている	82
トラック	94
ドラッグストア	184
トラブル	182
鳥	44
トリーア	197
鶏肉	128
取る	84
ドル	170
トルコ	198
ドルトムント	196
ドレースデン	196
どれだけ	28
ドレッサー	114
泥棒	192
どんな種類の	28
どんなふうに	28

な

名	18
内科	190
内臓	78
ナイトクラブ	150
ナイフ	118
長い	34
中で	38
仲間	22
仲間たち	22
長持ちする	134
流れない	182
泣く	88
なくす	182
～なし	108
なぜ	28
夏	68
7	56
70	58
何か	28
何が	28
何を	28
ナプキン	118
生チーズ	124
生の	126
生ビール	122
涙	90
滑らかな	34
ナンパ	150
ナンバープレート	100

に

2	56
2回	60
苦い	126
2月	66
肉	128
肉屋	130
肉料理	116
西	38
20	58
21	58
～に招待する	32
2食付宿泊	106
～に違いない	54
日曜日	66
2度	60
2等	96
2倍	60
2番目の	60
200g	58
2分の1	60
日本	198
日本人	18
日本大使館	192
入院する	190
入学する	172
入居する	110
入場料	140
ニュース	166
入浴する	180
ニュルンベルク	196
人間は	18
認識する	86
妊娠	90
にんにく	126
～人前	116

ぬ

盗んだ	182
塗り薬	184

ね

根	46
ネクタイ	138
猫	44
ネズミ	44
値段	132
熱	188
ネックレス	138
値引き	132
眠たい	90
練り歯磨き	156
年	68
ねんざする	188
年末	70

の

脳	74
～の後ろに	104
脳卒中	186
ノートパソコン	160
～のそばに	104
のど	74
～の隣に	104
喉のかわき	188
～の前に	64, 104
飲み物	118
飲み屋	150
飲む	118
～の向かいに	104
乗り換える	98
乗り継ぎ	92
乗り物	94

ノルウェー	198	

は

葉	46	8	56	ハンドバック	138			
歯	74	8月	66	ハンドル	102			
バー	150	80	58	半日	68			
バーゲンセール	132	罰金	192	犯人	192			
パーティー	150	ハト	44	ハンブルク	196			
バーデン・バーデン	197	花	46	バンベルク	197			
パート	174	鼻	74	パン屋	130			
ハードディスク	160	花柄	134					
パートナー	22	話し中	164					

ひ

ハーメルン	197	話す	82	日	68
はい	30	鼻水	90	ビアガーデン	116
肺	78	花屋	130	ピアス	138
廃棄物	178	ハノーファー	196	ビアホール	116
ハイキング	144	母	20	ピーマン	128
灰皿	156	母の日	72	ビール	122
配達する	168	～は含まれている	106	ビオトープ	178
ハイデルベルク	196	歯ブラシ	156	控えめな	24
バイバイ	16	ハム	128	東	38
バイロイト	197	早い	64	引き出し	170
バウムクーヘン	124	腹	76	低い	34
ハエ	44	バラ	46	ひげ	90
はがき	168	払い込み	170	飛行機	92
吐き気	188	春	68	被雇用者	174
爆発する	194	バルコニー	112	ひざ	78
博物館	140	腫れ	188	ひじ	76
禿げた	80	バレエ	142	ビジネスクラス	92
派遣社員	174	バレーボール	144	美術	142
はさみ	156	歯をみがく	180	美術館	142
橋	104	パン	124	秘書	26
はし	118	ハンカチ	138	非常口	108
始める	82	ハンガリー風シチュー	120	額	74
走る	82	パンク	102	ビタミン剤	184
バス	94	番組	166	左に	38
バスケットボール	144	番号案内	164	左に曲がる	104
バスタブ	108	犯罪	192	日付	66
バス停	94	ハンサムな	80	引っ越す	110
パスワード	162	番線	96	ビデオアート	142
パソコン	160	パンツ	136	人は	18
バター	124	半月	68	人々は	18
働く	180	パンティーストッキング	136	一目ぼれ	152
		バンドエイド	184	避難する	194
		半年	68	皮膚	76
				100	58

Index (Japanese → German)

日本語	ページ
１０１	58
１００番目の	60
１００万	58
日焼けした	80
秒	62
病院	190
病気の	186
美容整形	148
ビリヤード	154
昼	62
ピルゼンビール	122
広場	104
ピンクの	42
頻繁に	36

ふ

日本語	ページ
ファーストクラス	92
ファーストフード店	116
ファン	146
フィットネスセンター	148
風土	48
夫婦	20
フェリー	94
フォーク	118
副作用	184
腹痛	186
ふくらはぎ	78
服を着る	180
不幸せな	88
無精な	24
婦人	18
婦人科	190
婦人服	136
豚肉	128
普通列車	96
復活祭	72
仏教	52
仏教の	52
不動産屋	110
太った	80
太っ腹な	24
ふともも	78
船	94
不満足な	88
冬	68
フライトアテンダント	92
フライドポテト	120
フライブルク	197
ブラインド	114
ブラウス	136
ブラジル	198
プラットホーム	96
フラワーアレンジメント	154
フランクフルト	196
フランス	198
ブランド物	132
フリーダイヤル	164
フリーランス	174
振込み	170
プリン	124
プリンター	160
古い	34
ふるまう	32
ブレーカー	182
ブレーキ	102
ブレーキをかける	102
プレーツェル	124
プレートヘン	124
ブレーメン	196
ブレスレット	138
フレックスタイム	176
触れる	86
プロテスタント	52
プロテスタントの	52
プロバイダー	162
フロント	106
分	62
文化	48
文学	142

へ

日本語	ページ
ヘアドライヤー	158
ヘアブラシ	156
塀	112
平日	72
平野	178
平和	50
ベージュの	42
へそ	76
ベッド	108
ペット	44
ベッドメイク	106
ヘビ	44
部屋	108
ヘリコプター	94
ベルギー	197
ベルト	138
ベルリン	196
変圧器	158
偏見のない	24
弁護士	26
便秘	186
返品する	132

ほ

日本語	ページ
ボイラー	182
防衛	50
方向	38
暴行	192
帽子	138
放送	166
包装する	132
包帯	184
豊満な	80
訪問する	32
法律	50
ホウレンソウ	128
ほお	74
ボーイフレンド	152
ポーター	106
ボート	94
報道機関	166
ボーナス	176
ホーム	146
ポーランド	198
ボールペン	156
ボクシング	144
ほくろ	74

ポスト……………… 174	マフラー…………… 138	蒸す………………… 126
発作………………… 188	麻薬………………… 192	息子………………… 20
ポツダム…………… 197	まゆ毛……………… 74	娘…………………… 20
ボディービル……… 148	丸い………………… 34	胸…………………… 76
ポテトサラダ……… 120	漫画………………… 154	紫色の……………… 42
ポテトスープ……… 120	マンション………… 110	
ホテル……………… 106	満足な……………… 88	**め**
仏…………………… 52	満タンにする……… 102	目…………………… 74
ほとんど〜ない…… 36	マンハイム………… 196	名…………………… 18
骨…………………… 78		名所………………… 140
保養………………… 148	**み**	命日………………… 72
ボン………………… 196	実…………………… 46	名物料理…………… 116
本棚………………… 114	右側通行…………… 100	メーデー…………… 72
	右に………………… 38	メール……………… 162
ま	右に曲がる………… 104	メールアドレス…… 162
まあまあです……… 16	短い………………… 34	メガネ……………… 138
マールブルク……… 197	水…………………… 178	眼鏡店……………… 130
毎週………………… 68	水色の……………… 42	目薬………………… 184
マイセン…………… 197	湖…………………… 178	めったに〜しない… 36
毎月………………… 68	見せる……………… 84	メディア…………… 166
毎年………………… 68	見つける…………… 84	メディテーション… 148
毎日………………… 68	ミツバチ…………… 44	メニュー…………… 116
マウス……………… 160	緑の………………… 42	めまい……………… 188
前に………………… 38	港…………………… 94	目やに……………… 90
枕…………………… 114	南…………………… 38	免税店……………… 92
孫…………………… 20	見習い生…………… 174	面積………………… 48
まずい……………… 118	醜い………………… 80	麺類………………… 128
混ぜる……………… 126	ミニバス…………… 94	
まだ………………… 64	見本市会場………… 104	**も**
街…………………… 48	耳…………………… 74	もう………………… 64
松…………………… 46	ミュージカル……… 142	毛布………………… 114
待つ………………… 82	ミュンヘン………… 196	モーゼルワイン…… 122
マッキントッシュ… 160	未来………………… 64	モーニングコール… 106
まつ毛……………… 74	魅力的な…………… 80	木曜日……………… 66
マッサージ………… 148	見る………………… 86	もしもし…………… 164
まっすぐ…………… 104	民宿………………… 106	もちろんです……… 30
まったく…………… 36	民族………………… 48	持っていく………… 82
まったく〜ではない… 36	民放………………… 166	持っている………… 82
マットレス………… 114		持って帰る………… 116
〜まで……………… 62	**む**	モニター…………… 160
窓…………………… 112	迎えに行く………… 32	物置………………… 112
学ぶ………………… 172	虫さされ…………… 188	物語る……………… 84
まぶた……………… 74	虫歯………………… 186	もはや〜でない…… 36

索引（日本語→ドイツ語）

モミの木 46
木綿 134
漏れている 182
門 112

や

やあ 16
八百屋 130
焼きソーセージ 120
薬剤師 26
約束する 32
夜景 150
やけど 188
野菜 128
野生動物 178
痩せた 80
家賃 110
薬局 184
屋根 112
山 178
柔らかい 34

ゆ

ＵＳＢメモリー 160
誘拐 192
有害物質 178
夕方 62
勇敢な 24
ユーザー名 162
夕食 118
夕食をとる 180
友人 22
友人に電話をかける 180
郵便 168
郵便局 168
郵便配達人 168
郵便番号 168
郵便ポスト 168
郵便料金 168
遊覧船 140
ユーロ 170
床 112
雪が降る 40

行方不明の 194
ユダヤ教 52
ユニークな 134
ユニフォーム 146
指［手の］ 76
指［足の］ 78
指輪 138
夢 90
夢をみる 180
ユリ 46

よ

陽気な 24
容姿 80
幼稚園 172
洋ナシ 128
洋服ダンス 114
洋服店 130
ヨーグルト 124
ヨガ 148
浴室 112
横たわっている 84
ヨット 144
予定がある 32
呼び出し音 164
予防接種 190
読む 82
予約する 116
より多くの 36
より少ない 36
夜 62
喜ぶ 88
喜んで 30
4 56
40 58
4分の3 60

ら

来月 70
来週 70
ライター 156
来年 70
ライプツィヒ 196

ライブハウス 150
ライ麦パン 124
ラジオ 158
落下する 194
ＲＡＭ 160

り

理解する 86
理解できません 30
離婚する 152
リサイクル 178
利子 170
リストラ 174
リモコン 158
流行おくれの 134
流行の 134
リューベック 197
リュックサック 138
両思い 152
了解しました 30
両替 170
領収書 132
両親 20
料理する 126
料理人 26
旅行 154
旅行保険 194
履歴書 174
リンゴ 128
リンゴジュース 122
隣人 22
リンス剤 156

る

ルーター 160
ルームサービス 106
ルームナンバー 106
ルクセンブルク 197
留守番電話 164

れ

0 56
礼金 110

冷製ハム類盛り合わせ…	120	わずかな…………………	36
冷蔵庫…………………	158	忘れる…………………	86
礼拝堂…………………	140	私たちは………………	18
レイプ…………………	192	私は……………………	18
レーゲンスブルク……	197	私はいやです…………	30
歴史……………………	48	私はできません………	30
レジ……………………	132	笑う……………………	88
レシート………………	116	ワリカンする…………	150
レストラン……………	116	ワンピース……………	136
レモン…………………	128		
恋愛……………………	152		
レンタカー……………	102		
連邦……………………	48		

を

〜をお願いします………	30
〜を超えて……………	104
〜をご存知ですか？……	28

ろ

廊下……………………	112
老人……………………	22
労働組合………………	174
労働時間………………	174
労働者…………………	174
労働条件………………	174
労働法…………………	174
ローストポーク………	120
ローテンブルク………	197
ロールキャベツ………	120
6………………………	56
6月……………………	66
60……………………	58
ロシア…………………	198
ロスタイム……………	146
路線バス………………	98
ロビー…………………	106
路面電車………………	98

わ

ワールドカップ………	146
Ｙシャツ………………	136
Ｗi-Fi………………	162
ワイマール……………	197
ワイン…………………	122
わがままな……………	24
わかりました…………	30
別れ……………………	152

Index

A

Aachen	196
ab~	62
der Abend	62
das Abendessen	118
das Abendkleid	136
ab|fahren	96
der Abfall	178
das Abführmittel	184
Abhebung	170
ab|holen	32
die Abrechnung	106
der Absender	168
die Absenderin	168
absolvieren	172
der Abstellraum	112
ab|stürzen	194
das Abteil	96
acht	56
achtzehn	56
achtzig	58
der Advent	72
das Aerobics	148
Ägypten	198
das Aids	186
der Alarm	194
der Alkohol	122
die Allergie	186
alt	34
der Alte	22
die Alte	22
das Alte Testament	52
die ältere Schwester	20
der älterer Bruder	20
altmodisch	134
die Altstadt	104
die Ameise	44
Amerika	198
der Anfall	188
Anfang ~	68
an|fangen	82
das Angeln	154
der Angestellte	26
die Angestellte	26
der Anhang	162
die Animation	154
an|kommen	96
anmachen	150
die Anmeldung	190
an|probieren	136
der Anrufbeantworter	164
an|rufen	164
der Anstoß	146
das Anti-Aging	148
antworten	84
der Anzug	136
der Apfel	128
der Apfelsaft	122
der Apfelstrudel	124
die Apotheke	184
der Apotheker	26
die Apothekerin	26
der Appetit	118
der April	66
arbeiten	180
der Arbeiter	174
die Arbeiterin	174
der Arbeitnehmer	174
die Arbeitnehmerin	174
die Arbeitsbedingungen	174
das Arbeitsgesetz	174
arbeitslos	176
die Arbeitszeit	174
der Architekt	26
die Architektin	26
die Architektur	142
der Arm	76
das Armband	138
die Armbanduhr	138
die Aromatherapie	148
der Artikel	166
der Arzt	26
die Ärztin	26
das Aschenbecher	156
der Ast	46
das Asthma	186
der Atem	90
das Attest	190
Auf Wiederhören.	164
Auf Wiedersehen.	16
auf|hören	82
aufladen	162
auf|stehen	180
das Auge	74
die Augenheilkunde	190
der Augenschleim	90
die Augentropfen	184
Augsburg	197
der August	66
aus|checken	106
die Ausfahrt	100
der Ausgang	98
aus|gehen	180
die Aushilfe	174
der Auslandsflug	92
das Auslandsgespräch	164
das Aussehen	80
die Aussicht	140
der Aussichtsturm	140
aus|steigen	98
die Ausstellung	142
Australien	198
aus|treten	176
der Ausverkauf	132
das Auswärtsspiel	146
das Auto	94
die Autobahn	100
das Autobahnkreuz	100
der Autounfall	194

die Autowerkstatt	102	
die Azalee	46	

B

backen	126	
die Bäckerei	130	
der Backofen	158	
baden	180	
Baden-Baden	197	
die Badewanne	108	
das Badezimmer	112	
der Bahnhof	96	
der Bahnsteig	96	
der Balkon	112	
das Ballett	142	
Bamberg	197	
die Bank	170	
die Bar	150	
das Bargeld	132	
der Bart	90	
der Basketball	144	
die Batterie	158	
der Bauch	76	
die Bauchschmerzen	186	
der Baum	46	
der Baumkuchen	124	
die Baumwolle	134	
Bayreuth	197	
der Beamter	26	
die Beamtin	26	
bedrohen	192	
beenden	84	
die Begegnung	152	
die Behandlung	190	
bei~	104	
beige	42	
das Bein	78	
der Bekannte	22	
die Bekannte	22	
bekommen	84	
das belegte Brot	120	
die Beleuchtung	114	
Belgien	197	
benutzen	84	
die Benutzerkennung	162	
das Benzin	102	
bereit	84	
der Berg	178	
das Bergsteigen	144	
Berlin	196	
das Beruhigungsmittel	184	
berühren	86	
beschäftigt	88	
bescheiden	24	
besetzt	164	
bestellen	116	
besuchen	32	
das Betriebssystem	160	
der Betrug	192	
das Bett	108	
das Bett machen	106	
das Betttuch	114	
bewegen	84	
bezahlen	132	
die Beziehung	22	
die Bibel	52	
die Biene	44	
das Bier	122	
der Biergarten	116	
das Bierlokal	116	
die Bildung	172	
das Billiard	154	
billig	134	
die Biokost	148	
der Biotop	178	
die Birne	128	
bis jetzt	64	
bis wann	28	
bis~	62	
~, bitte.	30	
Bitte schön.	16	
bitten	84	
bitter	126	
das Blatt	46	
blau	42	
bleiben	82	
die Blume	46	
das Blumenarrangement	154	
das Blumengeschäft	130	
das Blumenmuster	134	
die Blumenvase	114	
die Bluse	136	
das Blut	76	
die Blutung	188	
das Bodybuilding	148	
der Boiler	182	
Bonn	196	
der Bonus	176	
das Boot	94	
die Bordkarte	92	
das Boxen	144	
die Brandwunde	188	
Brasilien	198	
braten	126	
die Bratkartoffeln	120	
die Bratwurst	120	
brauchen nicht zu ~	54	
brauchen nur zu ~	54	
die Brauen	74	
braun	42	
die Braut	22	
der Bräutigam	22	
Bremen	196	
die Bremse	102	
bremsen	102	
die Brezel	124	
der Brief	168	
der Briefkasten	168	
die Briefmarke	168	
die Brieftasche	138	
der Briefträger	168	
die Briefträgerin	168	
die Brille	138	
bringen	82	
das Brot	124	
das Brötchen	124	
die Brücke	104	
die Brust	76	

das Bücherregal	……	114
die Buchhandlung	……	130
der Buddha	……	52
der Buddhismus	……	52
buddhistisch	……	52
das Bügeleisen	……	158
der Bund	……	48
der Bundeskanzler	……	50
die Bundeskanzlerin	……	50
bunt	……	42
das Burg	……	140
der Bus	……	94
die Bushaltestelle	……	94
die Business-Class	……	92
die Butter	……	124

C

das Café	……	116
das Camping	……	154
der Campingplatz	……	140
die CD-ROM	……	160
der Cent	……	170
der Charakter	……	24
charmant	……	80
der Check-in Schalter	……	92
der Chef	……	22
die Chefin	……	22
China	……	198
die Chiropraktik	……	148
die Chirurgie	……	190
das Christentum	……	52
die Christi Himmelfahrt	……	72
die Cola	……	122
die Comics	……	154
der Concierge	……	106
die Concierge	……	106

D

da	……	38
das Dach	……	112
dahin	……	38
die Dame	……	18
die Damenkleidung	……	136
danach	……	64
Danke, gut.	……	16
Danke schön.	……	16
Darf ich ~ ?	……	30
Das geht nicht.	……	30
Das ist mir egal.	……	30
Das kann ich nicht.	……	30
Das macht mir nichts aus.	……	16
Das stimmt nicht	……	30
das Date	……	152
das Datum	……	66
dauerhaft	……	134
dauernd	……	64
die Decke	……	112
den ganzen Tag	……	68
denken	……	86
der Anblick bei Nacht	……	150
der erste Eindruck	……	60
der erste Schritt	……	60
der Zweite Weltkrieg	……	60
das Design	……	132
der Designer	……	26
die Designerin	……	26
der Deutsche	……	18
die Deutsche	……	18
die Deutsche Bahn	……	96
die deutsche Küche	……	116
die Deutsche Post	……	168
Deutschland	……	196
der Dezember	……	66
die Diät	……	148
dicht	……	34
dick	……	80
die ganze Nacht auf|bleiben	……	150
die Hälfte	……	60
die neunte Symphonie	……	60
die Tür ab|schließen	……	180
der Dieb	……	192
die Diebin	……	192
der Diebstahlsbericht	……	192
der Dienst	……	176
der Dienstag	……	66
die Dienstreise	……	176
diese Woche	……	70
diesen Monat	……	70
dieses Jahr	……	70
die Diplomatie	……	50
der Direktor	……	176
die Direktorin	……	176
der Discjockey	……	150
die Diskothek	……	150
die DJana	……	150
der Dollar	……	170
der Dolmetscher	……	26
die Dolmetscherin	……	26
der Donner	……	40
der Donnerstag	……	66
das Doppelzimmer	……	108
Dortmund	……	196
draußen	……	38
drei	……	56
drei Komma eins vier	……	60
drei Viertel	……	60
dreieckig	……	34
dreifach	……	60
dreimal	……	60
dreißig	……	58
dreizehn	……	56
Dresden	……	196
dritt	……	60
die Droge	……	192
die Drogerie	……	184
der Drucker	……	160
du	……	18
dumm	……	24
dunkel	……	42
das dunkle Bier	……	122
dünn	……	34
dünsten	……	126
der Durchfall	……	186
durchsuchen	……	194
dürfen	……	54
dürfen nicht ~	……	54
der Durst	……	188
die Dusche	……	108

Düsseldorf 196	die Einwohnerzahl 48	es bewegt sich nicht ... 182
der Duty-free-Shop 92	Einzahlung 170	es fließt nicht 182
der DVD-Spieler 158	das Einzelzimmer 108	Es geht. 16

E

	ein|ziehen 110	es geht nicht auf 182
	einzigartig 134	es geht nicht zu 182
die Ebene 178	das Eis 124	es ist kaputt 182
die Ecke 104	das Eisbein 120	es kommt nicht raus ... 182
die Economy-Class 92	das Eisen 134	es läuft aus 182
das Edelweiß 46	das Eishockey 144	Es tut mir Leid. 16
das Ehepaar 20	der Ekel 188	essen 118
das Ei 128	elegant 134	Essen 196
die Eiche 46	das Elektrogeschäft ... 130	der Essig 126
die Eifersucht 152	elf 56	die Essstäbchen 118
eigensinnig 24	der Ellbogen 76	das Esszimmer 112
das Eigentor 146	die Eltern 20	etwas 28
eilig 84	die E-Mail 162	der Euro 170
die Eilpost 168	die E-Mail-Adresse ... 162	der Eurocity 96
ein bisschen 36	empfangen 162	explodieren 194
ein Drittel 60	der Empfänger 168	das Extrablatt 166

F

ein|laden 32	die Empfängerin 168	
die Einbahnstraße 100	empfehlen 116	
ein|checken 106	Ende ~ 68	die Fabrik 176
eine Fahrkarte nach ~ ... 96	die Energie 178	das Fachgeschäft 130
eine Million 58	das Enkelkind 20	die Fachschule 172
eine Pause machen ... 180	die Ente 44	das Fähre 94
einen Freund an|rufen ... 180	die Entführung 192	fahren 82, 102
die einfache Fahrkarte .. 96	das Entlassungsgeld ... 176	der Fahrer 102
das Einfamilienhaus ... 110	Entschuldigung ! 16	die Fahrerin 102
der Eingang 98	enttäuscht 88	der Fahrgast 98
die Einkommensteuer ... 176	er 18	die Fahrkarte 98
ein|laden 150	die Erbsensuppe 120	der Fahrkartenschalter ... 96
einmal 60	erfahren 86	der Fahrplan 96
ein|packen 132	die Erholung 148	der Fahrpreis 98
eins 56	die Erkältung 186	das Fahrrad 94
einsam 88	erkennen 86	die Fahrspur 100
das Einschreiben 168	erst 60	das Fahrzeug 94
die einseitige Liebe ... 152	erste Halbzeit 146	der Fahrzeugschein ... 100
ein|steigen 98	die erste Hilfe 194	fallen 194
ein|treten 172	erste Klasse 96	die Familie 20
die Eintrittsgebühr ... 140	der Erwachsene 22	der Fan 146
einunddreißigst 60	die Erwachsene 22	das Fassbier 122
einundzwanzig 58	erwarten 88	faul 24
einverstanden 30	erzählen 84	der Februar 66

der Fehler	………	162
der Feiertag	………	72
der Feind	………	22
die Feindin	………	22
das Fenster	………	112
die Fernbedienung	………	158
das Ferngespräch	………	164
fern|sehen	………	180
der Fernseher	………	108
der Fernsehsender	………	166
die Ferse	………	78
die Festplatte	………	160
fettig	………	126
feucht	………	40
die Feuchtigkeit	………	40
das Feuer	………	194
die Feuerwehr	………	194
das Feuerzeug	………	156
das Fieber	………	188
das Fiebermittel	………	184
der Film	………	142
der Filmstar	………	154
finden	………	84
der Finger	………	76
die Firma	………	176
die First Class	………	92
das Fischgericht	………	116
der Fischladen	………	130
das Fitnesscenter	………	148
die Fläche	………	48
das Fleisch	………	128
das Fleischgericht	………	116
der Fleischladen	………	130
fleißig	………	24
die Fliege	………	44
flüchten	………	194
der Flugbegleiter	………	92
die Flugbegleiterin	………	92
die Fluggesellschaft	………	92
der Flughafen	………	92
das Flugticket	………	92
das Flugzeug	………	92
der Fluss	………	178
der Föhn	………	158
der Fotograf	………	26
die Fotografin	………	26
die Fotographie	………	154
das Foyer	………	106
fragen	………	84
Frankreich	………	198
Frankufurt	………	196
die Frau	………	18
die Frau	………	20
frech	………	24
Freiburg	………	197
der Freitag	………	66
der Freund	………	22
der Freundeskreis	………	22
die Freundin	………	22
der Frieden	………	50
der Frischkäse	………	124
der Frisiertisch	………	114
froh	………	88
der Frosch	………	44
die Frucht	………	46
früh	………	64
früher	………	64
der Frühling	………	68
das Frühstück	………	118
frühstücken	………	180
der Führerschein	………	102
die Führung	………	140
fünf	………	56
fünf Euro und neun Cent	………	58
die Fünftagewoche	………	174
fünfzehn	………	56
fünfzig	………	58
der Furz	………	90
der Fuß	………	78
der Fußball	………	144
der Fußboden	………	112
die Fußsohle	………	78

G

die Gabel	………	118
das Gähnen	………	90
der Gang	………	102
ganz	………	36
ganz genau	………	30
gar nicht	………	36
die Garage	………	112
die Garderobe	………	150
der Garten	………	140
die Gartenarbeit	………	154
das Gas	………	110
Gas geben	………	102
der Gast	………	32
die Gaststätte	………	116
das Gate	………	92
die Gaze	………	184
geben	………	84
die gebratene Scholle	………	120
gebraucht	………	110
der Gebrauchtwagen	………	100
die Gebühr	………	170
die gebührenfreie Wahl	………	164
das Geburtsdatum	………	72
der Geburtstag	………	72
der Gedenktag	………	72
gegen ~ Uhr	………	62
die gegenseitige Liebe	………	152
gegenüber ~	………	104
die Gegenwart	………	64
das Gehalt	………	176
die Geheimnummer	………	170
gehen	………	82
das Gehirn	………	74
der Gehirnschlag	………	186
gelb	………	42
gelbgrün	………	42
der Geldbeutel	………	138
der Geldschein	………	170
die Geldstrafe	………	192
die Gemeinde	………	50
gemeinsam	………	108
das Gemüse	………	128
der Gemüseladen	………	130
genießen	………	86

genug ... 36	grillen ... 126	Hameln ... 197
der Gepäckträger ... 106	die Grippe ... 186	die Hand ... 76
geradeaus ... 104	groß ... 34, 80	die Handarbeit ... 142
gering ... 36	die Größe ... 136	die Handfläche ... 76
gern ... 30	die Großeltern ... 20	das Handgelenk ... 76
das Gesäß ... 78	großmütig ... 24	das Handgepäck ... 92
das Geschäft ... 130	die Großmutter ... 20	die Handschuhe ... 138
das Geschenk ... 32	der Großvater ... 20	die Handtasche ... 138
die Geschichte ... 48	grün ... 42	das Handtuch ... 138
das Geschlechtsorgan ... 78	die Grundschule ... 172	der Handwerker ... 26
die Geschwister ... 20	grüßen ... 32	die Handwerkerin ... 26
Gesellschaft leisten ... 32	die Gulaschsuppe ... 120	das Handy ... 164
das Gesetz ... 50	das Gurgelmittel ... 184	Hannover ... 196
das Gesicht ... 74	der Gürtel ... 138	der Harn ... 90
die Gesichtsbehandlung ... 148	gut ... 30	hart ... 34
der Gestank ... 182	gut aussehend ... 80	der Hase ... 44
gestern ... 70	gut schmecken ... 118	hassen ... 88
gestreift ... 134	der gute Freund ... 22	hässlich ... 80
gesund ... 186	die gute Freundin ... 22	häufig ... 36
das Getränk ... 118	Gute Nacht. ... 16	die Hauptstadt ... 48
getrennt zahlen ... 150	Guten Abend. ... 16	das Haus ... 110
die Gewalttat ... 192	Guten Morgen. ... 16	der Hausarzt ... 190
die Gewerkschaft ... 174	Guten Tag. ... 16	die Hausärztin ... 190
das Glas ... 118	die Gynäkologie ... 190	die Hausaufgabe ... 172
glatt ... 34	**H**	der Hauseingang ... 112
der Glaube ... 52	die Haarbürste ... 156	die Hausfrau ... 26
glauben ... 86	die Haare ... 74	der Hausmann ... 26
gleich ... 64	das Haarspülmittel ... 156	der Hausmeister ... 110
das Gleis ... 96	haben ... 54, 82	die Hausmeisterin ... 110
die Gleitzeit ... 176	haben ~ lassen ~ ... 54	das Haustier ... 44
glücklich ... 88	der Hafen ... 94	die Haut ... 76
die Glühbirne ... 158	der Hagel ... 40	Heidelberg ... 196
golden ... 42	halber Monat ... 68	der Heiligabend ... 72
das Golf ... 144	halbes Jahr ... 68	das Heimspiel ... 146
der Gott ... 52	die Halbpension ... 106	heiraten ... 152
Göttingen ... 197	halbtägig ... 68	heiß ... 40
der Grabscher ... 192	Hallo ... 164	heißen ... 82
der Grad ... 40	Hallo. ... 16	heiter ... 24
die Grafik ... 142	der Hals ... 76	die Heizung ... 114
das Gras ... 46	die Halskette ... 138	helfen ... 84
grau ... 42	halten ... 84	hell ... 42
Griechenland ... 198	Hamburg ... 196	hellblau ... 42
		das Helles ... 122

das Hemd ………… 136	Ich möchte ~. ………… 30	die japanische Botschaft … 192
die Hepatitis ………… 186	Ich verstehe nicht. ……… 30	jede Woche ………… 68
der Herbst …………… 68	Ich weiß nicht ………… 30	jeden Monat ………… 68
der Herbstanfang ……… 72	Ich will nicht. ………… 30	jeden Tag …………… 68
der Herr …………… 18	ihr ……………… 18	jedes Jahr …………… 68
die Herrenkleidung … 136	der Imbiss ………… 118	jemand …………… 18
das Herz …………… 78	immer …………… 36, 64	jetzt ……………… 64
der Herzinfarkt ……… 186	die Immobilienfirma … 110	das Jogging ………… 148
der Heuschnupfen … 186	die Industrie ………… 48	der Jogurt ………… 124
heute ……………… 70	das Industrieland …… 50	der Journalismus … 166
hier ………………… 38	der Ingenieur ………… 26	der Journalist ……… 26
hierher …………… 38	die Ingenieurin ……… 26	die Journalistin ……… 26
hinten …………… 38	der Inlandsflug ……… 92	jucken …………… 188
hinter ~ …………… 104	innen ……………… 38	das Judentum ……… 52
die HNO-Heilkunde … 190	die Innenstadt ……… 104	das Judo ………… 144
hoch ……………… 34	die Innere Medizin … 190	der Juli …………… 66
höchstens ………… 36	das innere Organ …… 78	der Junge ………… 22
höflich …………… 32	ins Bett gehen ……… 180	die jüngere Schwester … 20
der hohe Blutdruck … 186	ins Krankenhaus kommen	der jüngerer Bruder …… 20
die Höhere Schule … 172	……………… 190	der Juni ………… 66
hören ……………… 86	das Insekt ………… 44	die Justiz ………… 50
die Hose ………… 136	der Insektenstich …… 188	
das Hotel ………… 106	die Installation ……… 142	**K**
hübsch …………… 80	intelligent ………… 24	das Kabelfernsehen … 166
der Hubschrauber …… 94	das Interesse ……… 32	der Kaffee ………… 122
die Hüfte …………… 78	das Internet ……… 162	kahl ……………… 80
das Hühnerfleisch …… 128	das Internetcafé …… 162	der Kakao ………… 122
der Hund ………… 44	der Islam ………… 52	das Kalbfleisch ……… 128
hundert …………… 58	Ist das ~ ? ………… 28	der Kalender ………… 70
hundert Millionen …… 58	~ist inbegriffen ……… 106	kalt ……………… 24, 40
hunderteins ………… 58	Italien …………… 198	die Kalte Platte ……… 120
hundertst ………… 60		die Kamera ………… 158
hunderttausend ……… 58	**J**	der Kamerad ……… 22
Hunger haben ……… 118	Ja. ………………… 30	die Kameradin ……… 22
hupen …………… 102	die Jacke ………… 136	der Kamm ………… 156
der Husten ………… 90	das Jahr …………… 68	Kanada …………… 198
das Hustenmittel …… 184	das Jahresende ……… 70	der Kanal ………… 166
der Hut …………… 138	die Jahreszeit ……… 68	die Kapelle ………… 140
	die Jalousie ………… 114	der Kapitän ………… 146
I	der Januar ………… 66	kaputt …………… 182
ich ……………… 18	Japan …………… 198	das Karaoke ……… 150
Ich danke Ihnen. ……… 16	der Japaner ………… 18	der Karfreitag ……… 72
Ich hätte gerne ~. ……… 30	die Japanerin ……… 18	kariert …………… 134

die Karies … 186	das Knie … 78	der Krebs … 186
der Karneval … 72	der Knoblauch … 126	die Kreditkarte … 132
die Kartoffel … 128	der Knöchel … 78	die Kreuzung … 104
der Kartoffelsalat … 120	der Knochen … 78	der Krieg … 50
die Kartoffelsuppe … 120	der Knochenbruch … 188	der Krug … 118
der Käse … 124	Koblenz … 196	die Küche … 112
der Käsekuchen … 124	der Koch … 26	der Kuchen … 124
die Kasse … 132	kochen … 126	der Kugelschreiber … 156
Kassel … 197	die Köchin … 26	kühl … 40
die Katastrophe … 194	der Koffer … 92	der Kühlschrank … 158
katholisch … 52	der Kohl … 128	die Kultur … 48
der Katholizismus … 52	die Kohlroulade … 120	kündigen … 176
die Katze … 44	der Kollege … 22	die Kunst … 142
kaufen … 132	die Kollegin … 22	die Kunsthalle … 142
die Kauffrau … 26	Köln … 196	der Künstler … 26
das Kaufhaus … 130	kommen … 82	die Künstlerin … 26
der Kaufmann … 26	die Konditorei … 130	die Kupplung … 102
die Kaution … 110	die Konfession … 52	das Kurhaus … 148
die Kehle … 74	der Konfuzianismus … 52	kurz … 34
kein ~ … 108	können … 54	kurzhaarig … 80
die Keine Einfahrt … 100	können ~ nicht ~ … 54	küssen … 152
der Keller … 112	das Konto … 170	
der Kellner … 116	die Kontonummer … 170	**L**
die Kellnerin … 116	das Konzert … 142	
kennen … 86	der Kopf … 74	lachen … 88
kennenlernen … 32	das Kopfkissen … 114	das Ladegerät … 158
die Kiefer … 46	Korea … 198	der Laden … 130
das Kind … 20	der Körper … 76	der Lähmung … 188
der Kindergarten … 172	das Körpergewicht … 80	das Land … 48
das Kinn … 74	die Körpergröße … 80	das Land … 48
das Kino … 142	der Korridor … 112	die Ländervorwahl … 164
der Kiosk … 130	das Kostüm … 136	die Landschaft … 48
der Kirschbaum … 46	der Kot … 90	lang … 34
das Kissen … 114	kräftig … 80	Lange nicht gesehen ! … 16
klar … 42	die Krähe … 44	langhaarig … 80
die klassische Musik … 142	krank … 186	lassen … 54
das Kleid … 136	das Krankenhaus … 190	der Lastwagen … 94
der Kleiderschrank … 114	der Krankenpfleger … 26	laufen … 82
das Kleidungsgeschäft … 130	die Krankenschwester … 26	laut … 182
klein … 34, 80	die Krankenversicherung … 190	der Lebenslauf … 174
das Klima … 40, 48		die Leber … 78
die Klimaanlage … 108	der Krankenwagen … 194	der Leberfleck … 74
die Kneipe … 150	die Krawatte … 138	das Leder … 134
		legen … 84

lehren ……………… 172	das Madium ………… 166	das Mineralwasser mit
der Lehrer …………… 172	der Magen …………… 78	Kohlensäure ………… 122
die Lehrerin ………… 172	das Magengeschwür … 186	der Minibus …………… 94
leicht ………………… 34	der Mai ……………… 66	der Minister ………… 50
Leider nicht. ………… 30	der Maifeiertag ……… 72	die Ministerin ……… 50
der Leiharbeiter……… 174	man …………………… 18	das Ministerium …… 50
Leipzig ……………… 196	manchmal …………… 36	die Minute …………… 62
die Leistungsschalter … 182	der Mann ………… 18, 20	Mir geht es nicht gut. … 16
das Lenkrad ………… 102	Mannheim …………… 196	das Mischbrot ……… 124
lernen ………………… 172	die Mannschaft ……… 146	mischen ……………… 126
lesen ………………… 82	der Mantel …………… 136	mit ~ ………………… 108
das Lesen …………… 154	Marburg ……………… 197	der Mitarbeiter ……… 176
letzte Woche ………… 70	der Markenartikel …… 132	die Mitarbeiterin …… 176
letzten Monat ……… 70	der Markt …………… 104	mit|kommen ………… 32
letztes Jahr…………… 70	die Marmelade ……… 124	mit|nehmen ………… 116
die Leute …………… 18	der März……………… 66	der Mittag …………… 62
das Lid ……………… 74	die Massage ………… 148	das Mittagessen …… 118
die Liebe……………… 152	das Massenblatt …… 166	Mitte ~ ……………… 68
die Liebe auf den ersten Blick	die Matratze ………… 114	der Mittelstreifen …… 100
…………………… 152	die Maus ………… 44, 160	die Mittlere Schule … 172
lieben ………………… 152	das Medikament …… 184	der Mittwoch………… 66
liefern ………………… 168	die Meditation ……… 148	das Möbel …………… 114
liegen ……………… 38, 84	das Meer …………… 178	möbliert ……………… 110
die Lift………………… 108	die Meeresfrüchte…… 128	möchte ……………… 54
die Lilie ……………… 46	mehr ………………… 36	möchte nicht ~ ……… 54
der Linienbus………… 98	die Mehrfahrtenkarte … 98	das Modell ………… 132
links…………………… 38	mein Freund ………… 152	modisch ……………… 134
links ab|biegen ……… 104	meine Freundin……… 152	mögen ……………… 54, 88
die Lippe …………… 74	meinen ……………… 86	der Monat …………… 68
die Literatur ………… 142	Meißen ……………… 197	das Monatsende …… 70
der Löffel …………… 118	der Mensch ………… 18	die Monatskarte …… 98
der Lohn……………… 176	die Menstruation …… 90	die Monatszeitschrift… 166
Lübeck ……………… 197	merken ……………… 86	der Monitor ………… 160
die Luftpost ………… 168	das Messegelände…… 104	der Montag ………… 66
die Lunge …………… 78	das Messer ………… 118	das Moos …………… 46
Lust haben ………… 32	die Miete …………… 110	der Mord …………… 192
Luxemburg…………… 197	der Mieter …………… 110	der Morgen ………… 62
	die Mieterin ………… 110	morgen ……………… 70
M	der Mietvertrag……… 110	der Moselwein ……… 122
machen ……………… 82	der Mietwagen ……… 102	das Motorrad………… 94
die Macht …………… 50	die Mietwohnung …… 110	die Mücke …………… 44
die Macintosh ……… 160	der Mikrowellenherd… 158	müde ……………… 90, 188
das Mädchen………… 22	die Milch …………… 122	die Mülltüte ………… 156

München	196	
der Mund	74	
die Münze	170	
das Museum	140	
das Musical	142	
die Musik	154	
die Musikkneipe	150	
der Muskel	76	
müssen	54	
müssen nicht ~	54	
die Mutter	20	
das Muttermal	74	
der Muttertag	72	

N

der Nabel	76
nach ~	64
nach Hause kommen	180
nach oben	38
nach unten	38
der Nachbar	22
die Nachbarin	22
die Nachbarschaft	22
der Nachmittag	62
der Nachname	18
die Nachricht	166
das Nachspiel	146
die nächste Haltestelle	98
nächste Woche	70
nächsten Monat	70
nächstes Jahr	70
die Nacht	62
der Nachtklub	150
der Nacken	76
der Nagel	76
die Nagelschere	156
die Narzisse	46
die Nase	74
der Nasenschleim	90
die Natur	178
natürlich	30
die Naturtherapie	148
neben ~	104

die Nebenkosten	110
die Nebenwirkung	184
neblig	40
nehmen	84
Nein.	30
Nein, danke.	30
der Nerv	76
nett	24
neu	34
der Neubau	110
das Neue Testament	52
neuest	134
das Neujahr	70
der Neujahrstag	72
neun	56
neunzehn	56
neunzehnhunderteinundneunzig	58
neunzig	58
der Neuwagen	100
nicht mehr ~	36
nie	36
Niederlande	198
niedrig	34
die Niere	78
das Niesen	90
noch	64
der Norden	38
Norwegen	198
der Notausgang	108
das Notebook	160
der Notfall	194
der November	66
die Nudeln	128
null	56
null Komma sieben	60
das Nummernschild	100
Nürnberg	196
der Nussbaum	46

O

oben	38
der Oberkörper	76

der Oberschenkel	78
das Obst	128
der Obstladen	130
offen	24
die öffentliche Toilette	104
das öffentliches Telefon	164
die Öffnungszeit	132
oft	36
die Ohnmacht	188
das Ohr	74
der Ohrring	138
der Ohrstecker	138
die Ökologie	178
der Oktober	66
das Oktoberfest	140
das Öl	126
das Omelette Bauernart	120
der Onkel	20
die Oper	142
die Operation	190
der Optiker	130
orange	42
das Original	132
das Ortsgespräch	164
der Osten	38
das Ostern	72
Österreich	197

P

das Päckchen	168
das Paket	168
der Palast	140
die Panne	102
der Paprika	128
der Park	140
parken	102
der Parkplatz	102
das Parlament	50
die Partei	50
der Partner	22
die Partnerin	22
die Party	150

Index (German → Japanese)

225

die Passkontrolle ········ 92	die Professorin ········ 172	der Reis ············· 128
das Passwort ············ 162	das Programm ········ 166	die Reise············· 154
der Patient ············· 190	protestantisch ········· 52	die Reiseversicherung··· 194
die Patientin ············ 190	der Protestantismus ····· 52	das Reiten ············ 144
der PC··················· 160	der Provider ············ 162	die Reklamation ······ 132
die Pension ············ 106	der Prozessor··········· 160	die Reklame ·········· 166
der Personalabbau ··· 174	die Prüfung ············ 172	die Religion ············ 52
der Pfeffer ············ 126	der Pudding ············ 124	reservieren ············ 116
das Pferd ·············· 44	der Pullover ············ 136	der reservierte Platz ··· 142
die Pflanze············· 46		das Restaurant ········ 116
der Pflanzengarten ··· 140	Q	retten ················· 194
das Pflaster ············ 184	die Qualifikation ······ 174	das Rezept ············ 184
das Pils ················ 122	die Qualität ············ 132	die Rezeption ········ 106
der Platz············98, 104	der Quark ············· 124	die Richtung ·········· 38
Polen ·················· 198	die Quittung ············ 132	riechen ················ 86
die Politik ············· 50		das Rind ·············· 44
der Politiker ············ 26	R	das Rindfleisch ········ 128
die Politikerin ·········· 26	der Radiergummi ······ 156	der Ring ············· 138
das politische System ··· 48	das Radio ············· 158	der Rock············· 136
die Polizei ············· 192	die Radtour ············ 154	das Roggenbrot ······ 124
die Polizeiwache ······ 192	das RAM··············· 160	roh ··················· 126
der Polizist ············ 192	der Rasierapparat ······ 156	der Rollmops············ 120
die Polizistin ············ 192	rau ··························· 34	rosa······················ 42
die Pommes frites······ 120	rauchen ··········· 108, 180	die Rose ············· 46
die Portion············· 116	rauchen verboten ······ 108	rot ······················· 42
die Post ··············· 168	der Raucherwagen ······ 96	Rothenburg ············ 197
das Postfach ··········· 168	die Rechnung ········ 116	der Rotwein ············ 122
die Postgebühr ········ 168	rechts ················· 38	der Router ············ 160
die Postkarte ············ 168	rechts ab|biegen ······ 104	der Rücken ············ 76
die Postleitzahl ········ 168	der Rechtsanwalt ······ 26	die Rückfahrtkarte ······ 96
Potsdam··············· 197	die Rechtsanwältin ······ 26	der Rucksack ·········· 138
der Praktikant ········ 174	der Rechtsverkehr······ 100	das Rufzeichen ········ 164
praktisch ············· 134	das Recycling············ 178	der Ruhetag ············ 132
der Präsident············· 50	Regensburg ············ 197	ruhig ·················· 88
die Präsidentin ············ 50	der Regenschirm ······ 138	die Ruine ············· 140
der Preis················· 132	die Regierung ·········· 50	der Rülps ············· 90
die Preisermäßigung··· 132	die Regionalbahn ······ 96	rund ··················· 34
preiswert ············· 134	der Regisseur··········· 146	das Rundfahrtschiff ··· 140
die Presse ············· 166	regnen ················ 40	Russland ············· 198
der Privatsender ······ 166	der Reifen ············· 102	
der Privatwagen ········ 94	die Reifenpanne ······ 102	S
der Problem ············ 182	reinigen ················· 180	die Sacher Torte ······ 124
der Professor············ 172	die Reinigung ········ 130	der Safe ············· 108

der Saft 122	schon 64	der Sekt 122
sagen 82	schön 80	die Sekunde 62
die Salbe 184	Schön! 150	der Selbständige 174
die Salz 126	die Schönheitskorrektur 148	selten 36
salzig 126		senden 162
die Sammlung 154	die Schuhe 136	die Sendung 166
der Samstag 66	das Schuhgeschäft ... 130	der September 66
sauer 126	der Schüler 172	der Server 162
das Sauerkraut 120	die Schülerin 172	die Serviette 118
der Säugling 22	die Schulter 76	Sex machen 152
die Sauna 148	die Schultertasche ... 138	das Shampoo 156
die S-Bahn 94	der Schuss 146	der Shintoismus 52
der Scanner 160	die Schutzimpfung ... 190	sich an|ziehen 180
das Schach 154	die Schwangerschaft ... 90	sich ärgern 88
der Schadstoff 178	schwarz 42	sich benehmen 32
der Schaffner 96	das Schwarzbrot 124	sich die Zähne putzen ... 180
die Schaffnerin 96	Schweden 198	sich erinnern 86
der Schal 138	der Schweinebraten ... 120	sich freuen 88
scharf 126	das Schweinefleisch ... 128	sich interessieren 88
der Schauder 188	der Schweiß 90	sich nicht wohl fühlen ... 188
schenken 32	Schweiz 197	sich scheiden lassen ... 152
die Schere 156	die Schwellung 188	sich schminken 180
der Schichtwechsel ... 174	schwer 34	sich setzen 82
schick 134	das Schwimmen 154	sich unterhalten 32
der Schiedsrichter 146	die Schwindel 188	sich untersuchen lassen ... 190
die Schiedsrichterin ... 146	die SD-Speicherkarte ... 160	sich verabschieden ... 152
das Schiff 94	sechs 56	sich ~verletzen 188
der Schinken 128	sechzehn 56	sich verlieben 152
die Schlafdecke 114	sechzig 58	sich verstauchen 188
das Schlafzimmer 112	der See 178	sich vor|stellen 86
die Schlange 44	das Segeln 144	der Sicherheitsgurt ... 100
schlank 80	sehen 86	Sie 18
schlau 24	die Sehenswürdigkeiten 140	sieben 56
schlecht schmecken ... 118		siebzehn 56
schlicht 134	sehr 36	siebzig 58
der Schluckauf 90	Sehr gut. 16	silbern 42
der Schlüssel 106	die Seife 156	der Silvester 72
das Schmerzmittel ... 184	die Seilbahn 94	singen 150
der Schnaps 122	sein 54	sitzen 82
das Schnarchen 90	seit ~ 64	der Sitzplatz 96
schneien 40	seit wann 28	der Ski 144
der Schnellimbiss 116	der Sekräter 26	das Smartphone 164
der Schnellzug 96	die Sekräterin 26	die Socke 136

Index (German → Japanese)

das Sofa ……………… 114	das Spülmittel ……… 156	das Surfen …………… 144
der Sohn ……………… 20	spüren ………………… 86	süß …………………… 126
die Solarzelle ………… 178	der Staat ……………… 48	das Symptom ……… 190
Soll ich ~ ? …………… 28	der staatlicher Sender … 166	

T

sollen ………………… 54	der Staatsbürger …… 48
sollen nicht ~ ………… 54	die Staatsbürgerin …… 48
der Sommer ………… 68	das Staatsoberhaupt … 48
die Sonne …………… 178	die Stadt ……………… 48
die Sonnenbrille …… 138	der Stadtplan ………… 140
sonnengebräunt ……… 80	stark ………………… 126
der Sonntag ………… 66	die Startelf ………… 146
die Sozialversicherung … 48	die Station …………… 98
das Spa ……………… 148	der Staubsauger …… 158
Spanien ……………… 198	die Steckdose ……… 158
das Sparbuch ………… 170	stehen ………………… 82
das Spargeld ………… 170	stehlen ……………… 182
das Spargelgericht … 120	der Stehplatz ………… 142
sparsam ……………… 24	die Stelle …………… 174
spät …………………… 64	stellen ………………… 82
später ………………… 64	das Stellenangebot … 174
die Spätzle ………… 120	sterben ……………… 194
spazieren …………… 180	die Stereoanlage …… 158
der Spaziergang …… 154	die Steuer …………… 50
die Speisekarte …… 116	die Stirn ……………… 74
der Speisewagen …… 96	die Straße …………… 104
die Spezialität ……… 116	die Straßenbahn …… 98
der Spiegel ………… 114	der Streit …………… 152
das Spiel …………… 144	die Strickjacke ……… 136
das Spielcasino …… 150	der Strom …………… 110
spielen ……………… 150	der Stromausfall …… 182
der Spinat ………… 128	die Strumpfhose …… 136
die Spinne …………… 44	der Student ………… 172
der Sport …………… 144	die Studentin ……… 172
der Sportler ………… 144	studieren …………… 172
die Sportlerin ……… 144	der Stuhl …………… 114
sportlich ……………… 80	die Stunde …………… 62
die Sprache ………… 48	der Sturm …………… 40
die Sprachschule …… 172	Stuttgart …………… 196
sprechen ……………… 82	suchen …………… 84, 162
die Sprechstunde …… 190	der Süden …………… 38
die Spritztour ……… 154	die Suite …………… 108
die Spucke …………… 90	der Sumo …………… 144
die Spülmaschine …… 158	der Supermarkt …… 130

der Tabak …………… 156
die Tabletten ……… 184
der Tag …………… 62, 68
Tag der Deutschen Einheit ……………………… 72
die Tageskarte ……… 98
das Taichi …………… 148
der Taifun …………… 40
die Tankstelle ……… 102
die Tanne …………… 46
die Tante …………… 20
tanzen ……………… 150
tapfer ………………… 24
der Taschenrechner … 158
die Tasse …………… 118
die Tastatur ………… 160
die Taste …………… 160
der Täter …………… 192
die Täterin ………… 192
die Taube …………… 44
tausend ……………… 58
das Taxi ……………… 94
der Taxistand ……… 94
der Tee ……………… 122
die Teilzeitarbeit …… 174
das Telefon ………… 164
die Telefonauskunft … 164
das Telefonbuch …… 164
das Telefongespräch … 164
die Telefonkarte …… 164
die Telefonnummer … 164
die Telefonzelle …… 104
der Teller …………… 118
der Tempel ………… 52
die Temperatur ……… 40
das Tempo ………… 100
das Tennis ………… 144
der Teppich ………… 114

der Terror ……… 192	die Tür ……… 112	unverantwortlich ……… 24
teuer ……… 134	Türkei ……… 198	unzufrieden ……… 88
Thailand ……… 198	das Turnen ……… 144	üppig ……… 80
das Theater ……… 142	der TÜV ……… 100	der Urlaub ……… 176
das Thermometer ……… 184	das TV-Spiel ……… 154	der Urlaubstag ……… 72
das Tier ……… 44		der USB-Stick ……… 160
die Tintenpatrone ……… 160	**U**	
der Tisch ……… 114	die U-Bahn ……… 98	**V**
die Tischlampe ……… 158	über ~ ……… 104	der Vater ……… 20
das Tischtennis ……… 144	überfallen ……… 192	die Verabredung ……… 32
die Tochter ……… 20	die Überholspur ……… 100	der Verband ……… 184
der Todestag ……… 72	übermorgen ……… 70	das Verbrechen ……… 192
die Toilette ……… 108	übernachten ……… 106	das Verdauungsmittel ……… 184
das Toilettenpapier ……… 156	überrascht ……… 88	verdienen ……… 176
Toll ! ……… 150	überreden ……… 152	die Verfassung ……… 50
der Toner ……… 160	die Überstunden ……… 176	die Vergangenheit ……… 64
das Tor ……… 112, 146	die Übertragung ……… 166	vergessen ……… 86
die Touristen-Information	Überweisung ……… 170	die Vergewaltigung ……… 192
……… 140	Uhr ……… 62	verhaften ……… 192
traditionell ……… 134	~ Uhr ~ Minute(n) ……… 62	der Verkäufer ……… 26
der Trainer ……… 146	~ Uhr dreißig ……… 62	die Verkäuferin ……… 26
die Trainerin ……… 146	um ~ Uhr ……… 62	der Verkehr ……… 100
die Träne ……… 90	um|steigen ……… 98	das Verkehrsdelikt ……… 100
der Transformator ……… 158	die Umwelt ……… 178	die Verkehrsregeln ……… 100
der Transit ……… 92	der Umweltschutz ……… 178	der Verkehrsunfall ……… 194
der Transport ……… 168	das Umweltzeichen ……… 178	das Verkehrszeichen ……… 100
der Traum ……… 90	um|ziehen ……… 110	verlieren ……… 84, 182
träumen ……… 180	Und Ihnen ? ……… 16	der Verlobte ……… 22
traurig ……… 88	der Unfall ……… 194	die Verlobte ……… 22
treffen ……… 32	unglücklich ……… 88	der Vermieter ……… 110
die Treppe ……… 108	die unglückliche Liebe ……… 152	die Vermieterin ……… 110
Trier ……… 197	die Universität ……… 172	vermisst ……… 194
das Trikot ……… 146	unten ……… 38	vermuten ……… 86
trinken ……… 118	der Unterkörper ……… 78	die Verrenkung ……… 188
das Trinkgeld ……… 116	unterladen ……… 162	die Verspätung ……… 98
die Trockenbatterie ……… 158	das Unternehmen ……… 176	versprechen ……… 32
trübsinnig ……… 24	der Unternehmer ……… 174	verstehen ……… 86
Tschechien ……… 198	die Unternehmerin ……… 174	verstopft ……… 182
Tschüss. ……… 16	der Unterricht ……… 172	die Verstopfung ……… 186
das T-Shirt ……… 136	die Unterschrift ……… 170	die Verteidigung ……… 50
das Tuch ……… 156	die Untersuchung ……… 190	der Verwandte ……… 20
die Tulpe ……… 46	die Unterwäsche ……… 136	die Verwandte ……… 20
tun ……… 82	untreu sein ……… 152	die Videokunst ……… 142

索引（ドイツ語→日本語）

viel ·············· 36	warum············ 28	wie viel ············ 28
vier ·············· 56	was ············· 28	das Wiener Schnitzel··· 120
viereckig ········ 34	was für ein ······ 28	die Wi-Fi············ 162
Viertel nach ~ ······ 62	die Wäscherei ······ 130	das Wildtier ········ 178
Viertel vor ~ ······ 62	das Waschmittel ····· 156	die Wimpern ········ 74
vierzehn ········ 56	der Waschsalon········ 106	windig············ 40
vierzig············ 58	das Wasser············ 178	die Windows ······ 160
violett ··········· 42	die Wasserleitung ····· 110	der Winter ············ 68
das Virus············ 162	die Website ········ 162	wir ············· 18
die Vitamintablette ··· 184	der Wechsel ······ 146, 170	die Wirtschaft ······ 48
der Vogel ········· 44	das Wechselgeld ······ 132	wissen············ 86
das Volk ············ 48	der Wechselkurs ······ 170	Wissen Sie ~ ? ······ 28
der Volleyball·········· 144	wechseln ········· 182	wo ············ 28
das Vollkornbrot ······ 124	der Weckruf ·········· 106	die Woche ·········· 68
die Vollpension ········· 106	weh|tun ············ 188	das Wochenende ········ 70
voll|tanken ··········· 102	weich ············ 34	die Wochenkarte ········ 98
voluminös ········ 34	das Weihnachten ········ 72	die Wochenzeitschrift ··· 166
vor ~ ··········64, 104	der Weihnachtsmarkt··· 140	woher ············ 28
vorgestern ········ 70	Weimar ············ 197	wohin ············ 28
vor|haben ········ 32	der Wein············ 122	die Wohnung············ 110
der Vorhang ·········· 114	weinen ············ 88	der Wohnwagen ········ 94
vorhin ············ 64	weiß ············ 42	das Wohnzimmer ······ 112
vorletztes Jahr ········ 70	der Weißwein ········ 122	wolkig············ 40
der Vormittag ········ 62	welcher ············ 28	die Wolldecke ········ 114
vorn············ 38	welchere············ 28	die Wolle ············ 134
der Vorname ········ 18	welcheres ············ 28	wollen············ 54
der Vorsitzende········ 176	das Weltkulturerbe ··· 140	wollen ~ nicht ~ ········ 54
die Vorsitzende········ 176	der Weltmeister ······ 146	wünschen ············ 88
vor|stellen ············ 32	die Weltmeisterschaft··· 146	die Wurst ············ 128
	wem ············ 28	die Wurzel ············ 46

W

die Wade ······ 78	wen ············ 28	
der Wagen········· 98	wenig ············ 36	

Y

die Wahl············ 50	weniger ············ 36	der Yen ············ 170
wahr|nehmen············ 86	wenigstens············ 36	der Yoga············ 148
das Wahrsagen ········ 154	wer ············ 28	

Z

der Wald ········ 178	werden ············ 54	zahlen············ 116
die Wand ········ 112	der Werktag ········ 72	der Zahn············ 74
das Wandern············ 144	wessen ············ 28	der Zahnarzt ·········· 190
die Wange ········ 74	der Westen ········ 38	die Zahnarztin ·········· 190
wann ············ 28	das Wetter ············ 40	die Zahnbürste ········ 156
warm ············ 40	die Wettervorhersage ··· 40	die Zahnpasta ······ 156
warten············ 82	wie ············ 28	die Zahnschmerzen ··· 186
	Wie geht es Ihnen ? ······ 16	

zart	80	das Zweibettzimmer	108
der Zaun	112	zweifach	60
die Zehe	78	zweihundert Gramm	58
zehn	56	zweimal	60
zehn Millionen	58	zweit	60
zehnt	60	zweite Halbzeit	146
zehntausend	58	zweite Klasse	96
zeigen	84	der Zwiebelkuchen	120
die Zeit	62	zwölf	56
die Zeitschrift	166		
die Zeitung	166		
der Zeitunterschied	64		
die Zentralheizung	112		
ziemlich	36		
das Zimmer	108		
die Zimmernummer	106		
der Zimmerpreis	106		
der Zimmerservice	106		
die Zinsen	170		
die Zitrone	128		
das Zollamt	92		
die Zollangabe	92		
zu Abend essen	180		
zu Fuß	104		
zu heiß	182		
zu kalt	182		
zu Mittag essen	180		
der Zucker	126		
die Zuckerkrankheit	186		
zufrieden	88		
der Zug	94		
der Zugangspunkt	162		
zu|greifen	162		
die Zukunft	64		
die Zunge	74		
zur Toilette gehen	180		
zurück|geben	132		
zurückhaltend	24		
der Zusammenstoß	194		
der Zustelldienst	168		
zuverlässig	24		
zwanzig	58		
zwei	56		

TLS出版社

旅行に出張に！すぐに使える単語集！

● **実用単語集**シリーズ

全ての単語集が **日→各国語** を交互に
吹き込んだ **ネイティブの音声** 付き。
移動中・作業中に、本がなくても
iPhoneや**スマホ**で耳から学習！

カナ読みを併記してあるので、初心者も安心。
日本語にローマ字を併記してあるので外国人も使える！
行動順のページ構成で関連性を重視。
出張、旅行、滞在、初心者、学習者、老若男女
誰でも気軽に便利に使える、オールラウンドな単語集！

実用 スペイン語 単語集 (音声ダウンロード付)
TLS出版編集部 著　B6判 240頁

実用 フランス語 単語集 (CD-ROM付)
後 直美 著　B6判 240頁

実用 ロシア語 単語集 (CD-ROM付)
松下 則子 著　B6判 256頁

実用 ブラジル・ポルトガル語 単語集 (CD-ROM付)
新垣 クラウディア 著　B6判 238頁

実用 イタリア語 単語集 (CD付)
大瀬 順子／小澤 直子 翻訳・監修　B6判 208頁

実用 ベトナム語 単語集 (CD-ROM付)
チャン・トゥン・ニュー・マイ 著　B6判 240頁

実用 インドネシア語 単語集 (CD-ROM付)
スリ・ネリ・トリスナワティ・ロハンディ 著　B6判 238頁

実用 タイ語 単語集 (CD付)
藤崎 ポンパン 著　B6判 240頁

実用 中国語 単語集 (CD付)
TLS出版編集部 著　B6判 226頁

実用 韓国語 単語集 (CD付)
TLS出版編集部 著　B6判 198頁

お近くの書店にない場合は当社へ

店頭にない場合は、当社までお電話またはFAXでご注文下さい。FAXでのお求めの際は書籍名、氏名(社名)、お届け先ご住所、電話番号をご記入の上、送信して下さい。ご注文承り後 4～7日以内に代金引換郵便でお届けいたします。(別途送料・代引手数料がかかります) また、当社ホームページからもお求めいただくことができます。

TEL：06-6311-0241　FAX：06-6311-0240
ホームページ： http://www.tls-group.com

TLS出版社

TLS出版社の大人気フレーズ集!

● 学校では教えてくれない! **男と女の会話術** シリーズ

初心者でも安心!	カタカナ併記で初心者でも簡単に読むことが出来ます。
想いが伝わる!	出会い、恋人から結婚・出産まで男女のあらゆる場面の会話を収録。
便利なCD付き!	全フレーズ、ネイティブの音声入りCD付。発音の確認が簡単に出来ます。
各国事情が満載!	各国それぞれの恋愛や文化を紹介したコラムを多数掲載。

男と女の ベトナム語 会話術 (CD付)
チャン・ティ・ハン・グエン 著　B6判 242頁

男と女の インドネシア語 会話術 (CD付)
TLS出版編集部 著　B6判 240頁

男と女の タイ語 会話術 (CD付)
早坂 裕一郎 / 塙 憲啓 著　B6判 252頁

男と女の 中国語 会話術 (CD付)
TLS出版編集部 著　B6判 210頁

男と女の 韓国語 会話術 (CD付)
TLS出版編集部 著　B6判 198頁

男と女の ロシア語 会話術 (CD付)
マフニョワ ダリア 著　B6判 228頁

男と女の スペイン語 会話術 (CD付)
榎本 和以智 著　B6判 242頁

男と女の ブラジル・ポルトガル語 会話術 (CD付)
新垣 クラウディア 著　B6判 238頁

男と女の 英語 会話術 (CD付)
TLS出版編集部 著　B6判 256頁

お近くの書店にない場合は当社へ

店頭にない場合は、当社までお電話またはFAXでご注文下さい。FAXでのお求めの際は書籍名、氏名(社名)、お届け先ご住所、電話番号をご記入の上、送信して下さい。ご注文承り後4〜7日以内に代金引換郵便でお届けいたします。(別途送料・代引手数料がかかります)また、当社ホームページからもお求めいただくことができます。

TEL：06-6311-0241　FAX：06-6311-0240
ホームページ： http://www.tls-group.com

秋葉原・大阪 ドイツ語学校 ランゲージステーション

日本国内個人向けサービス

目的によって選べる多彩なレッスン

グループレッスン
- 週に1回の固定制で、3名様以上でレッスンを行います。月謝制なので授業料が安く、クラスメイトとの交友関係も広がります。
- ゆっくり長期的に学習したい方や人と接することが好きな方におすすめです。

3日間漬け特訓コース
- 1日3時間×3日間のコースで、急な出張や旅行前に最適です。
- すぐに使える実践的なフレーズを中心に学習します。

インターネット授業
- 遠方にお住まいの方、小さなお子様がいらっしゃる方など、通学が難しい方に好評です。PC・スマホ・タブレットで受講いただけます。

セミプライベートレッスン

プライベートレッスン
- 自由予約制（チケット）と固定制（月謝）があり、スケジュールやご予算に合わせて選択できます。
- チケット制は事前連絡で何度でも変更・キャンセルOK！

1日缶詰6時間コース
- 「旅行前に少しだけ勉強したい」「急に仕事で必要になった」という方におすすめの超短期コースです！
- 既習者の「会話・スピーチの練習がしたい」「苦手なところを集中的に勉強したい」などのご要望にも対応します。

外国人向け日本語コース
- 外国人のお友達、恋人に日本語を習わせてあげて下さい。

出張レッスン

講師全国派遣サービス

- 手紙、ラブレターなど **日本語1文字 10円～**
- 婚姻届受理証明書、出生届、出生証明書、戸籍謄本、住民票などの公的書類 **8,000円～**

- ショッピングのアテンド、男女間の話し合いなど専門性、スピードを求めないもの
※その他の内容は専門通訳となります。法人向けサービスをご覧下さい。 **40,000円～/日**

無料体験レッスン実施中

開講スケジュールはホームページをご覧下さい。
既習者の方はカウンセリングの後、最適なコースをご案内しますので、お気軽にお問い合わせ下さい。

【秋葉原校】
所在地　〒101-0024
東京都千代田区神田和泉町
1-8-10 神田TＨビル4F
アクセス　JR・TX・東京メトロ秋葉原駅
昭和通り口から徒歩4分

TEL　03-5825-9400
FAX　03-5825-9401
E-mail　akiba@kotobanoeki.com

【大阪校】
所在地　〒530-0056
大阪府大阪市北区兎我野町
9-23 聚楽ビル5F
アクセス　JR大阪駅、地下鉄梅田駅から
泉の広場M14番出口徒歩5分

TEL　06-6311-0241
FAX　06-6311-0240
E-mail　germany@kotobanoeki.com

英語、ドイツ語、フランス語、スペイン語、ポルトガル語、イタリア語、ロシア語、タイ語、ベトナム語、インドネシア語、タガログ語、中国語、台湾華語、韓国語、モンゴル語、アラビア語、ヒンディ語のレッスンを行っております。2言語、3言語とお申し込みの場合特別価格でご案内しております。

http://www.kotobanoeki.com

日本国内 法人向けサービス

ビジネス通訳と翻訳サービス

長期間のご契約・ご依頼などはボリュームディスカウントさせていただきます。

ドイツ語⇔日本語はもちろん、ドイツ語⇔各国語もお任せ下さい！

ビジネス通訳	60,000円〜/日
同時通訳	100,000円〜/日
ビジネス翻訳	日本語1文字 **22円**〜

見積無料

ISO、各種契約書、各種証明書、戸籍、定款、新聞、雑誌、パンフレット、カタログ、取扱説明書、協定、論文、履歴書、会社案内、報告書、企画書、規約、ホームページ、販促商材（メニュー、ポップ等）など

従業員語学研修と講師派遣

▶ 海外赴任前の従業員様への語学研修、その他生活や現地ワーカーとの付き合い方までレッスンできます。
外国人研修生への日本語レッスン、出張レッスンもお任せ下さい。
▶ 各コースとも専用プランをご提案させて頂くと共に、必要に応じて学習到達度等のレポートを提出する事も可能です。

各国語ナレーター・映像製作

▶ 海外向けPV、現地従業員教育ビデオなど、多種多様な映像製作と外国語ナレーションを取り扱っています。

インバウンド支援事業

▶ インバウンド対策の一環として外国語での接客はとても重要です。
目の前にお客様がいらっしゃるのに、結局お声がけもできないままでは機会損失する一方です。
外国語が出来ない従業員様でもコミュニケーション可能なオリジナル指さし接客シートと併用する事で効率よく接客が行えます。

英語、ドイツ語、フランス語、スペイン語、ポルトガル語、イタリア語、ロシア語、タイ語、ベトナム語、インドネシア語、タガログ語、中国語、台湾華語、韓国語、モンゴル語、アラビア語、ヒンディ語のご依頼を承っております。

ドイツ語学校、通訳、翻訳の
ランゲージステーション

【秋葉原】 03-5825-9400
【大阪】 06-6311-0241

http://www.kotobanoeki.com

秋葉原のドイツ語学校

ランゲージステーション

JR秋葉原駅昭和通り口より徒歩4分、駅からも近く新しく快適な環境でドイツ語を学んでいただけます。

東京東部エリア・千葉・埼玉・茨城方面の方々ぜひこの機会にドイツ語を始めてみませんか！

お得なキャンペーン中に是非一度ご来校ください！

首都圏最安レベルのレッスン料

- 入学金無料 0円
- レッスン料 4,000円〜（1レッスン 60分間）
- 教材費 3,000円〜

ランゲージステーションはここが違う！

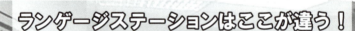

グループ、プライベートレッスン随時募集中！

- 語学書出版「TLS出版社」併設のドイツ語学校
- 先生は日本語が話せるドイツ人
- 必要な言葉から学習するので実用的なドイツ語が身に付く
- 豊富なレッスンコースで都合に合わせて選べる
- 無料体験レッスン開催中！ぜひ当校の授業方法をお試しください
- 大阪校もキャンペーン実施中！

詳しくは http://www.kotobanoeki.com

開校記念キャンペーン実施中!

● 選べる多彩なレッスン ●

グループレッスン
- 少人数制(3人～)
- 授業料は月謝制
- ドイツ人講師が日本語で授業

プライベートレッスン
- 完全予約制
- マンツーマンの徹底指導
- ドイツ人講師が日本語で授業

ネット de ドイツ語
- 忙しくて通学できない方
- 遠方で通えない方
- 接続テストは無料です

三日間特訓コース
- 完全予約制
- 急な出張や旅行前に最適
- お一人でも受講可能

セミプライベートレッスン
気の合うお友達・ご夫婦2名でレッスン

1回完結レッスン
ドイツ語の初歩中の初歩を75分間で

ドイツ人向け日本語講座
ドイツ人のお友達・恋人に日本語を

昼コース　　全国講師派遣
出張講座　　法人様向け語学研修

JR・つくばエクスプレス・東京メトロ
秋葉原駅 昭和通り口から徒歩4分

〒101-0024
東京都千代田区神田和泉町1-8-10 神田THビル4F
TEL 03-5825-9400　　FAX 03-5825-9401
MAIL　akiba@kotobanoeki.com

移動中でもMP3で聞ける！
実用ドイツ語単語集 　Praktischer Deutcsher Wortschatz

2017年2月25日　初版発行　　著　者　TLS出版編集部
　　　　　　　　　　　　　　　発行者　藤崎 ポンパン
　　　　　　　　　　　　　　　発行所　ＴＬＳ出版社　　発売所　星雲社

● **新宿校　（Tokyo Shinjuku Office）**
〒160-0021 東京都新宿区歌舞伎町 2-41-12 岡埜ビル 6F
Tel：03-5287-2034　Fax：03-5287-2035　E-mail：tokyo@tls-group.com

● **秋葉原校　（Tokyo Akihabara Office）**
〒101-0024 東京都千代田区神田和泉町 1-8-10 神田ＴＨビル 4F
Tel：03-5825-9400　Fax：03-5825-9401　E-mail：akiba@tls-group.com

● **大阪校　（Osaka Umeda Office）**
〒530-0056 大阪府大阪市北区兎我野町 9-23 聚楽ビル 5F
Tel：06-6311-0241　Fax：06-6311-0240　E-mail：school@tls-group.com

　スクンビット校　　（Bangkok Sukhumvit Office）
　シーロム校　　　　（Bangkok Silom Office）
　プロンポン校　　　（Bangkok Phromphong Office）
　トンロー校　　　　（Bangkok Thonglo Office）
　シラチャ校　　　　（Chonburi Sriracha Office）
　パタヤ校　　　　　（Chonburi Pattaya Office）

http://www.tls-group.com

ＴＬＳ出版社の書籍は、書店または弊社 HP にてお買い求めください。
本書に関するご意見・ご感想がありましたら、上記までご連絡ください。

企画・製作　早坂 裕一郎　（Yuichiro Hayasaka）　装丁・編集　中村 直美　（Naomi Nakamura）
ナレーター　栗田 くり菜　（Kurina Kurita）　/　櫻庭 彩華　（Ayaka Sakuraba）
校正協力　　栗田 くり菜　（Kurina Kurita）

無断複製・転載を禁止いたします。
Copyright ©2017 TLS Publishing All Rights Reserved.
[定価はカバーに表示してあります。]　[落丁・乱丁本はお取り替えいたします。]

ISBN 978-4-434-19161-9 C2084　Printed in Japan　　　　印刷　株式会社 ナポ　（NAPO Co.,Ltd.）